Page de previsualitation

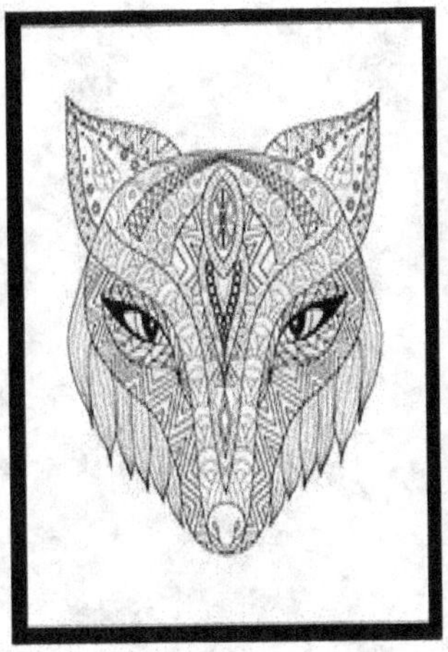
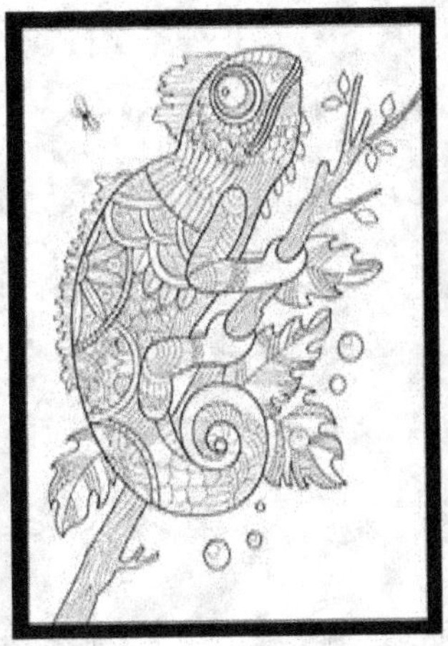
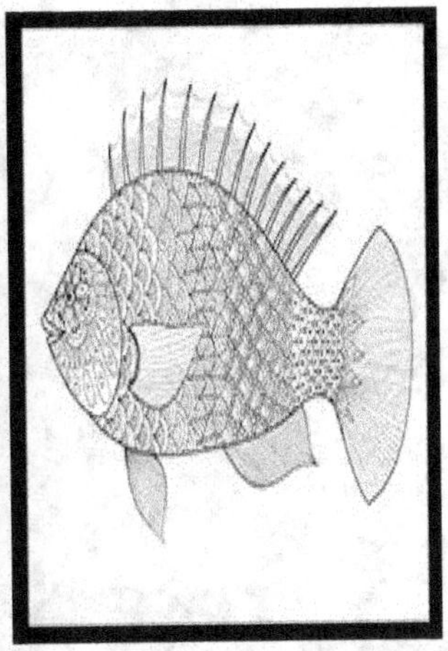
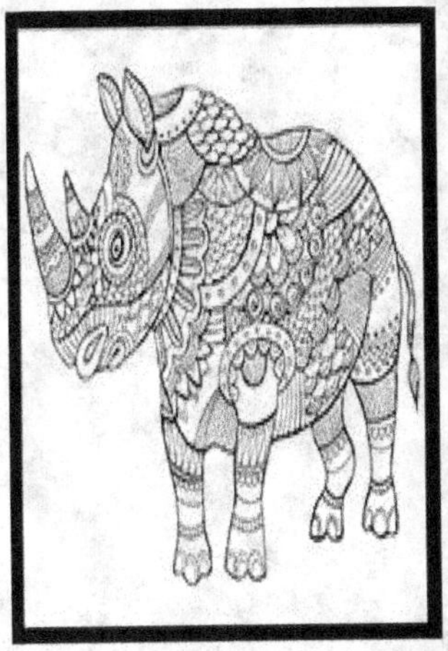
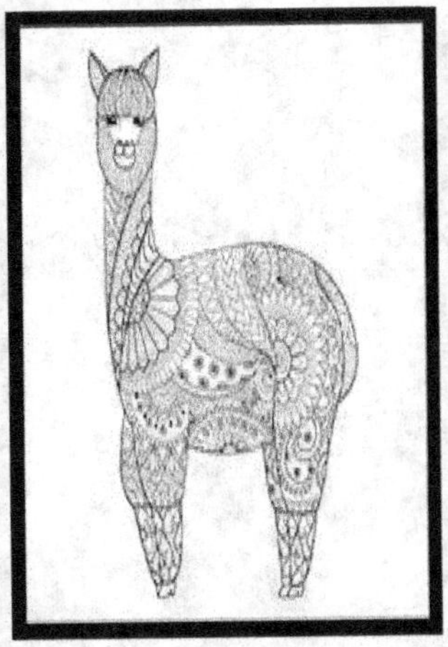
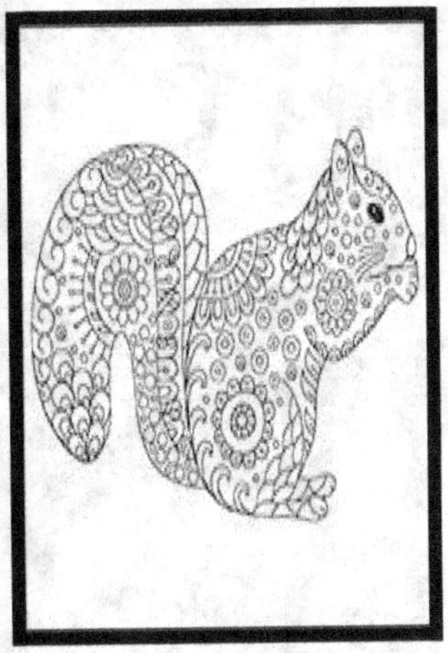
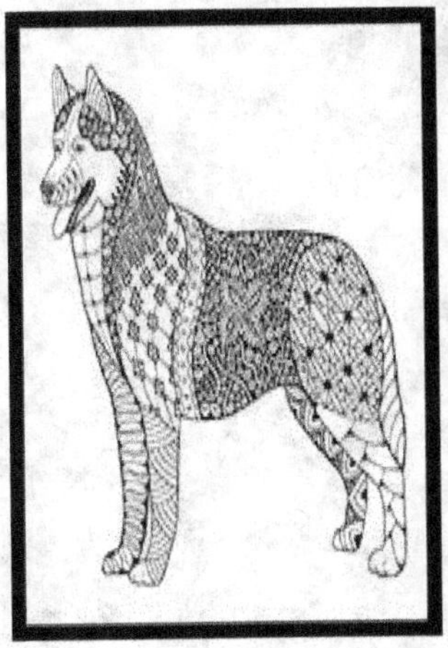
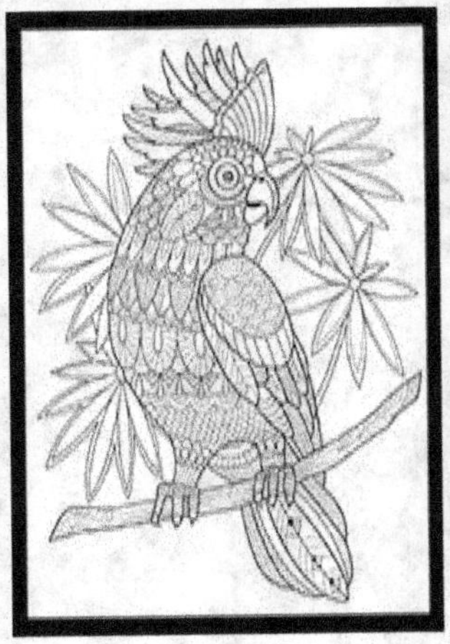
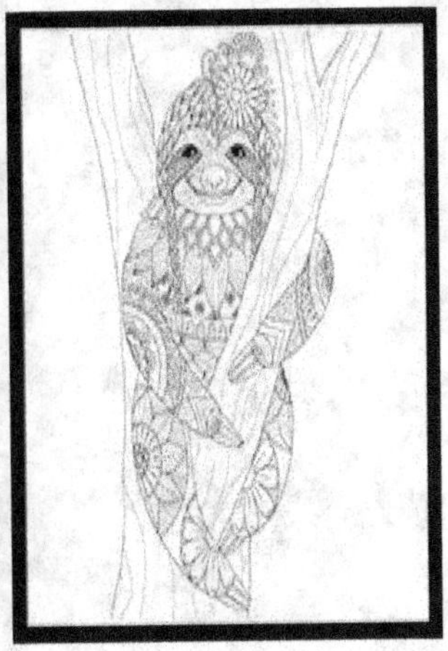

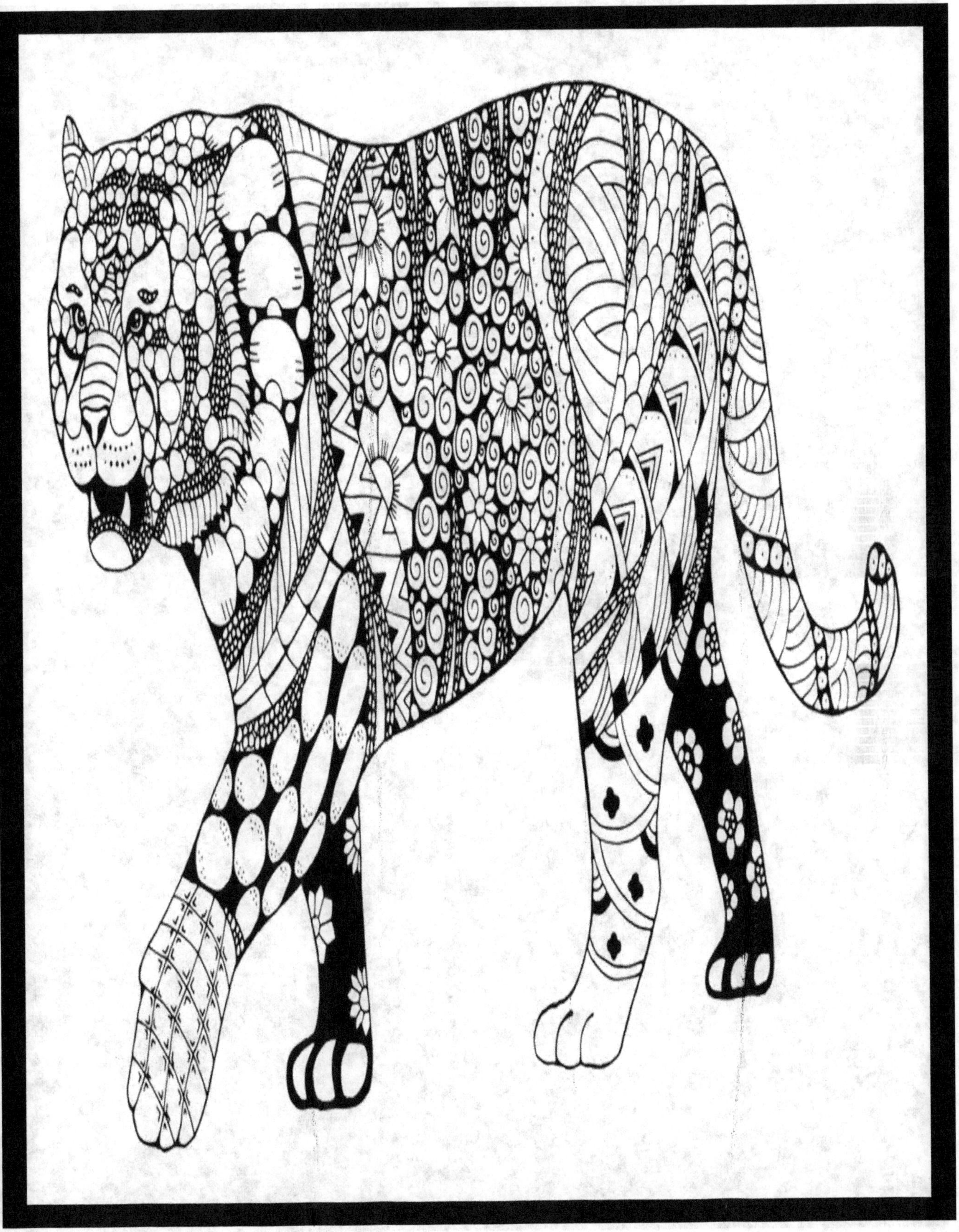

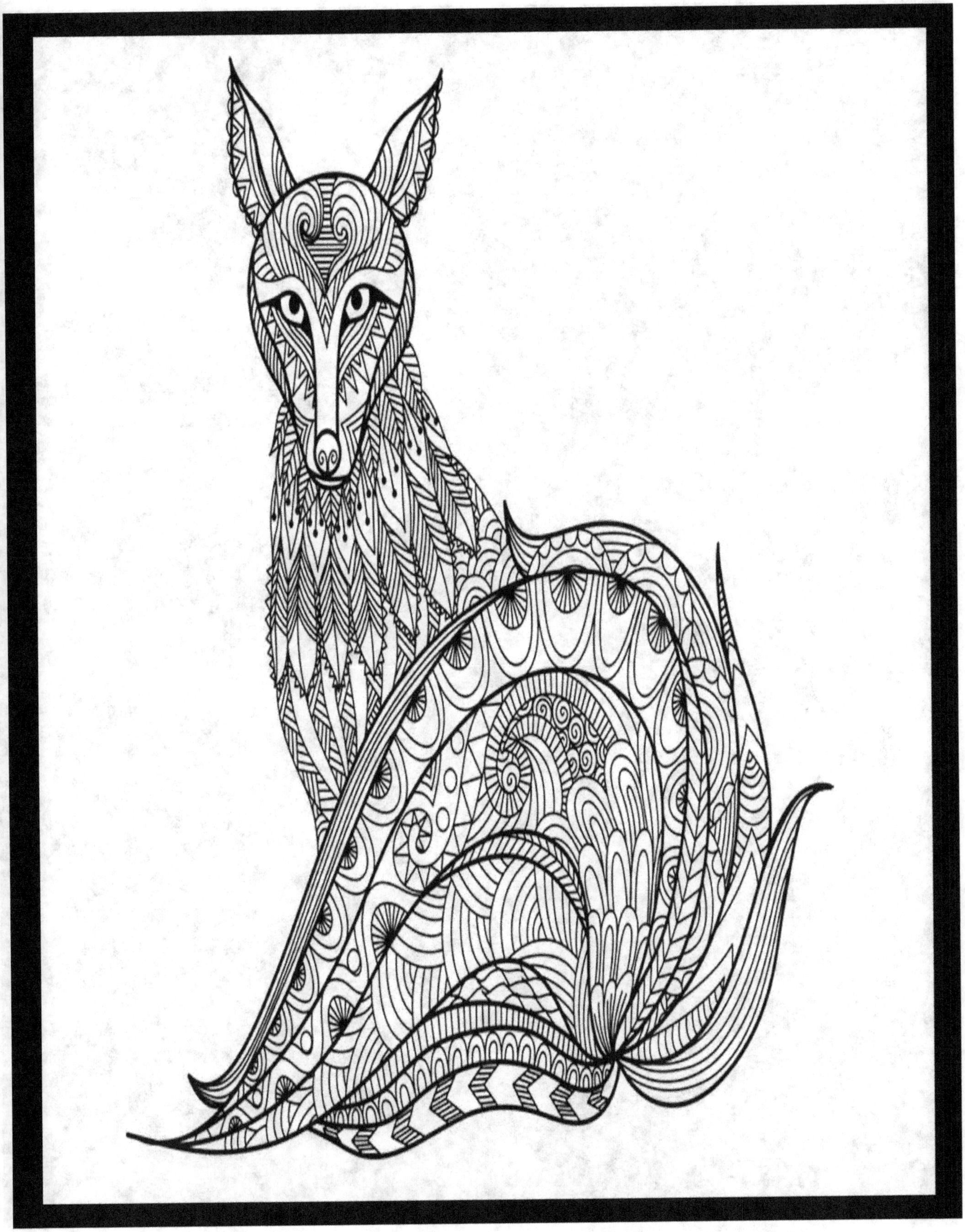

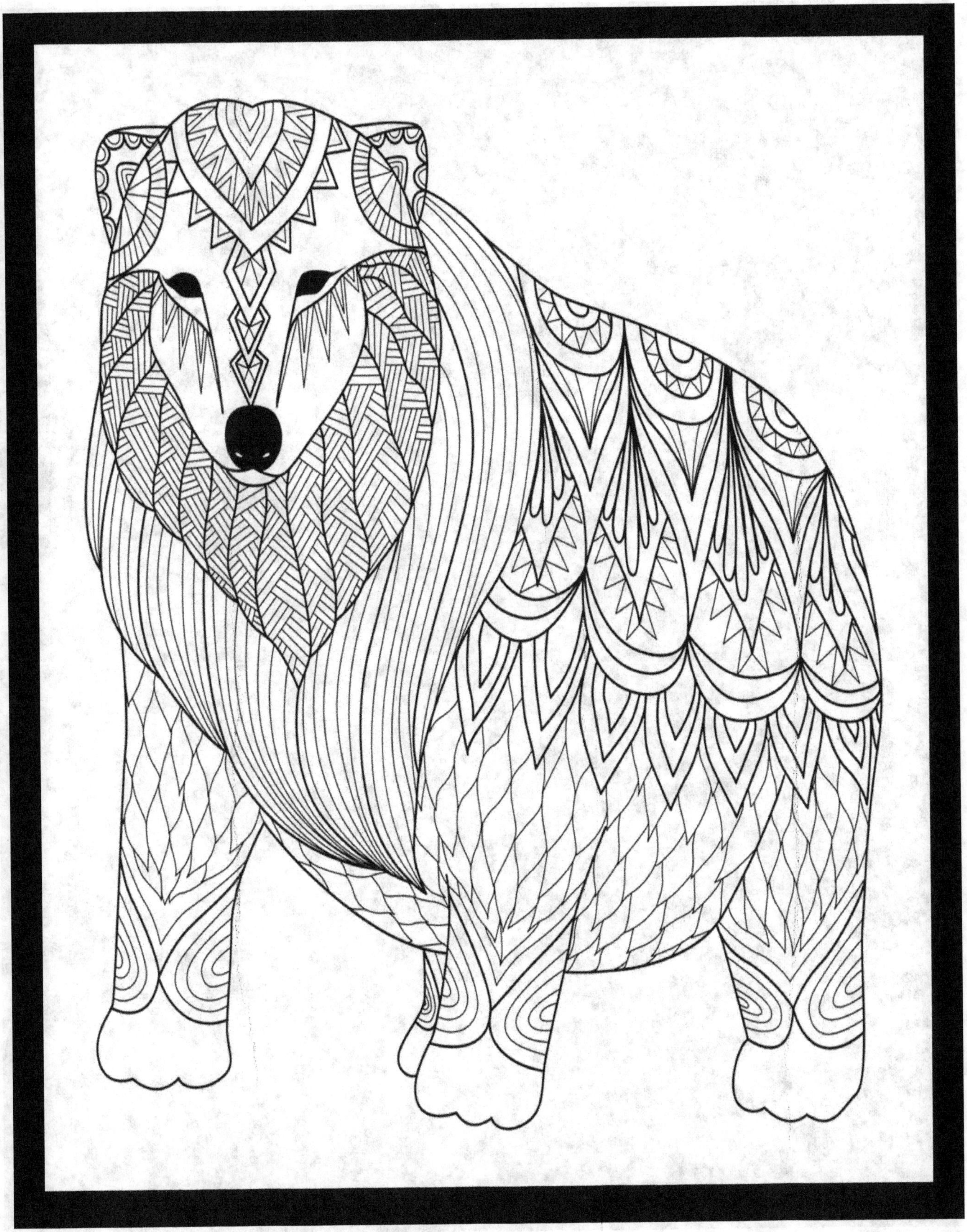

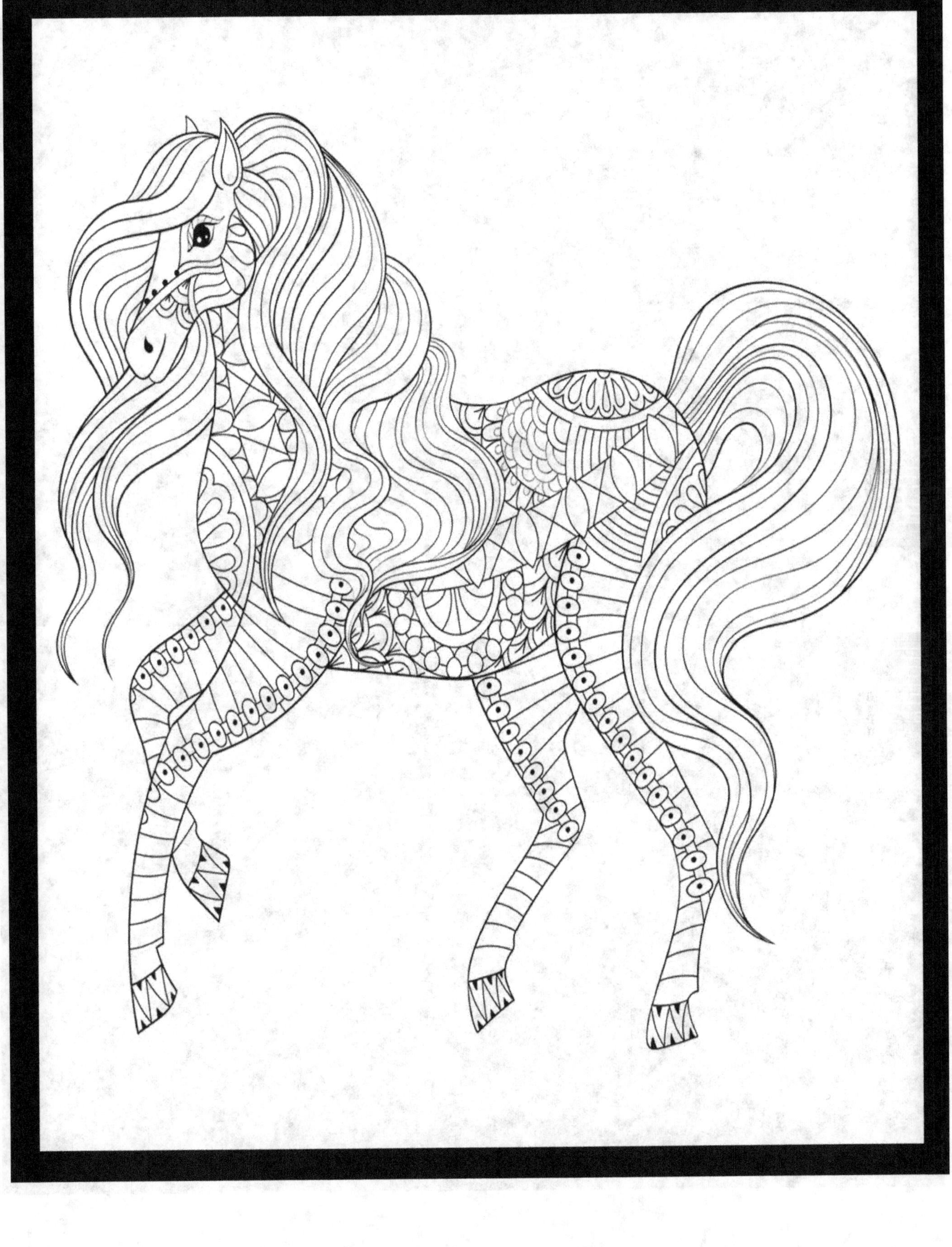

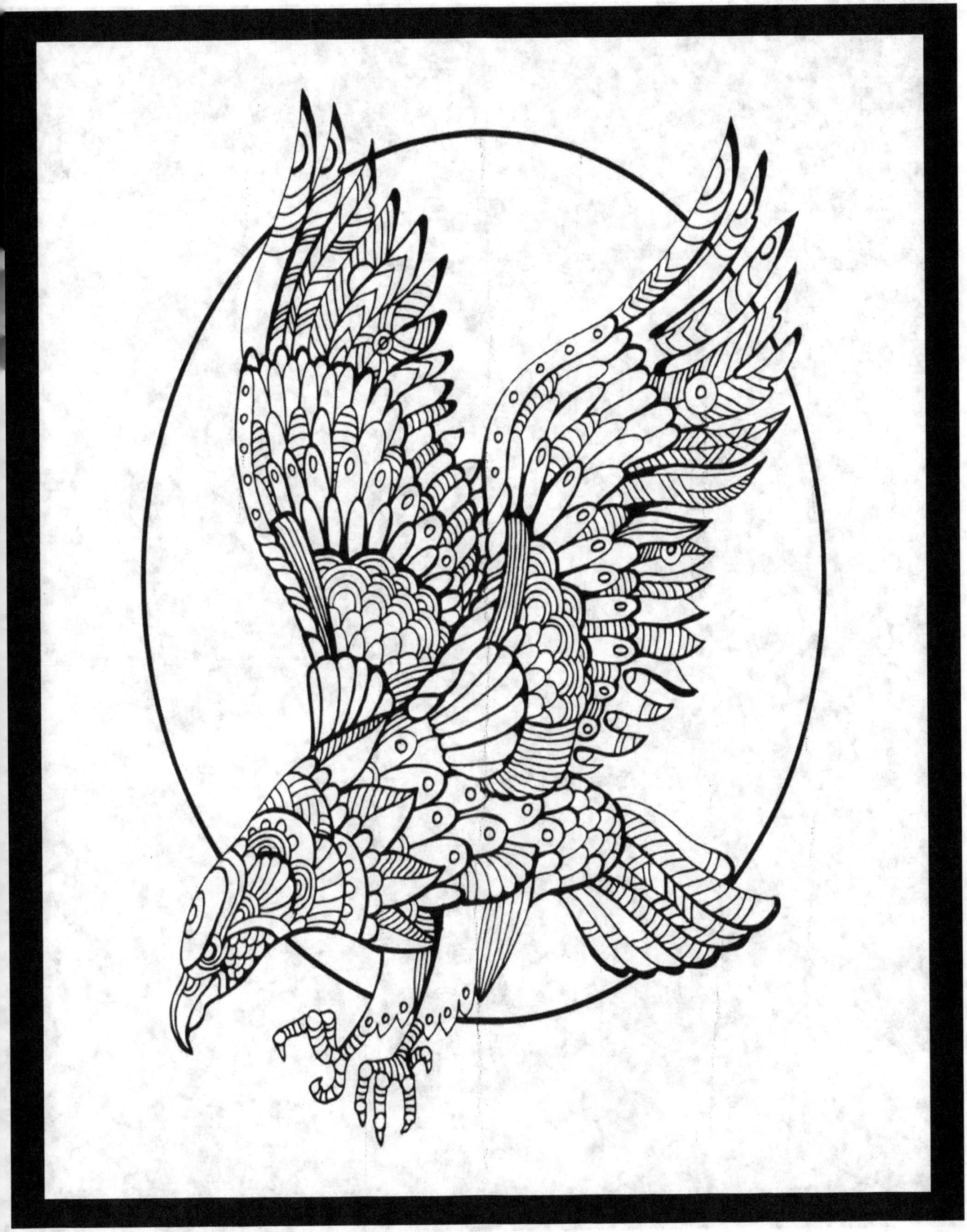

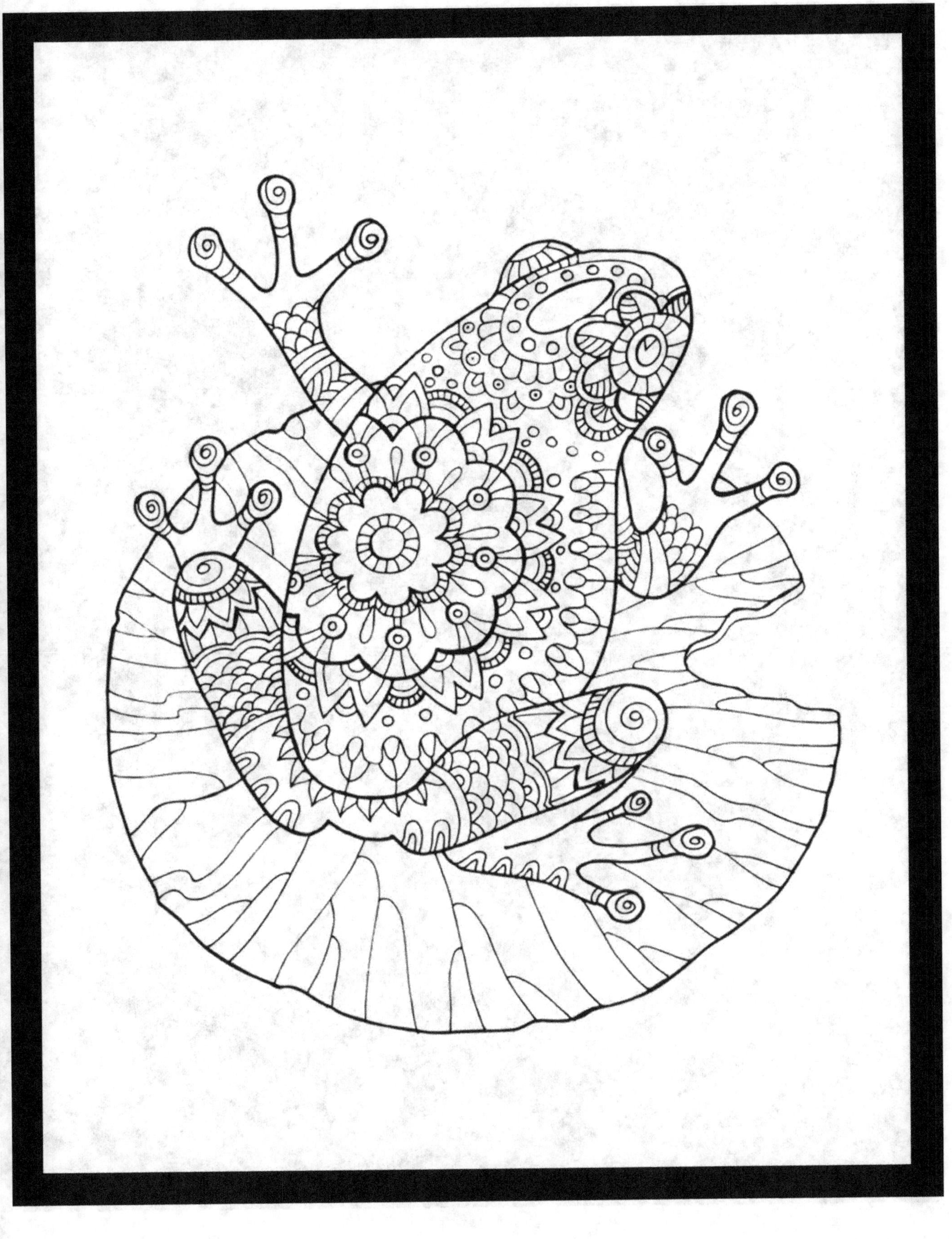

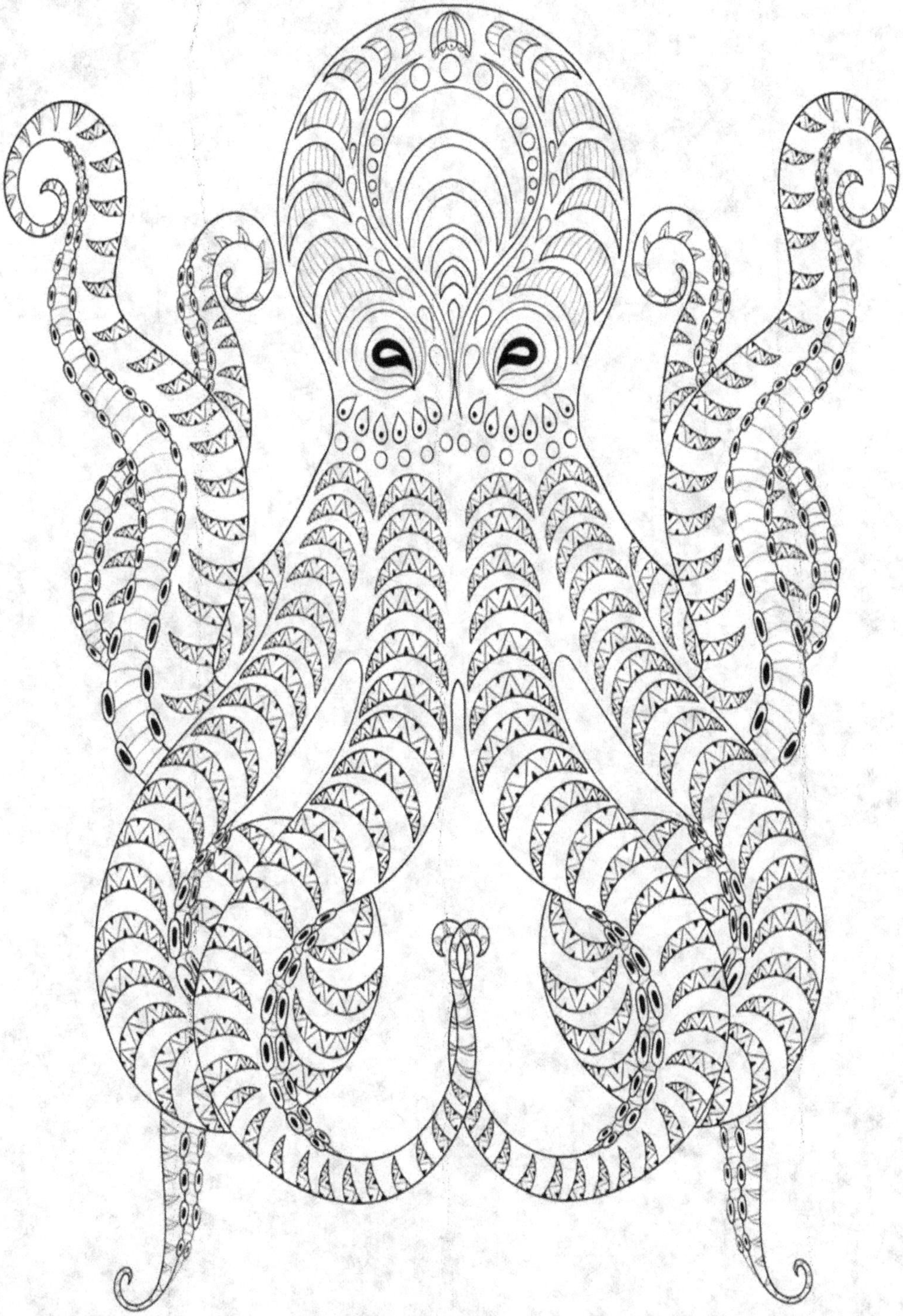

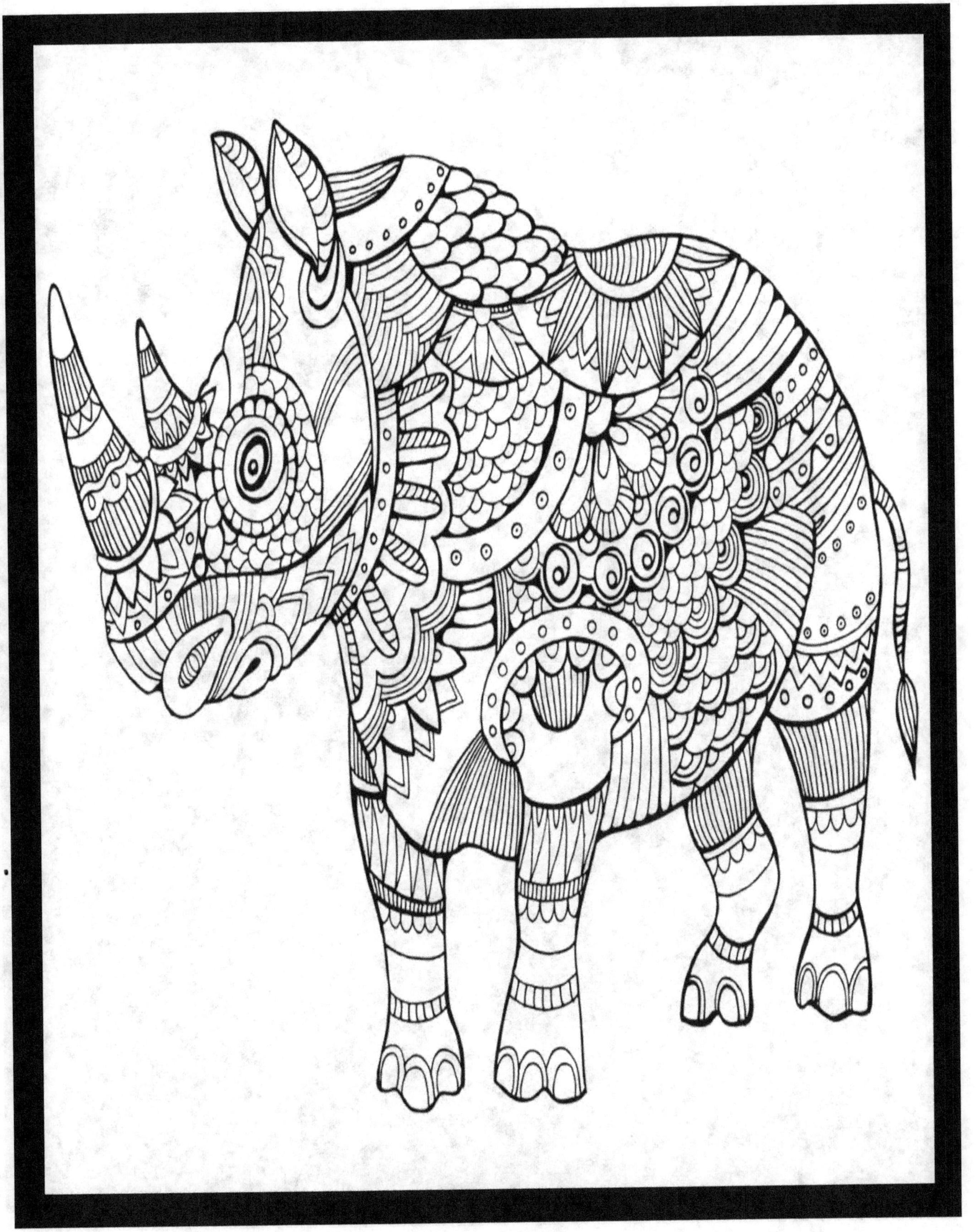

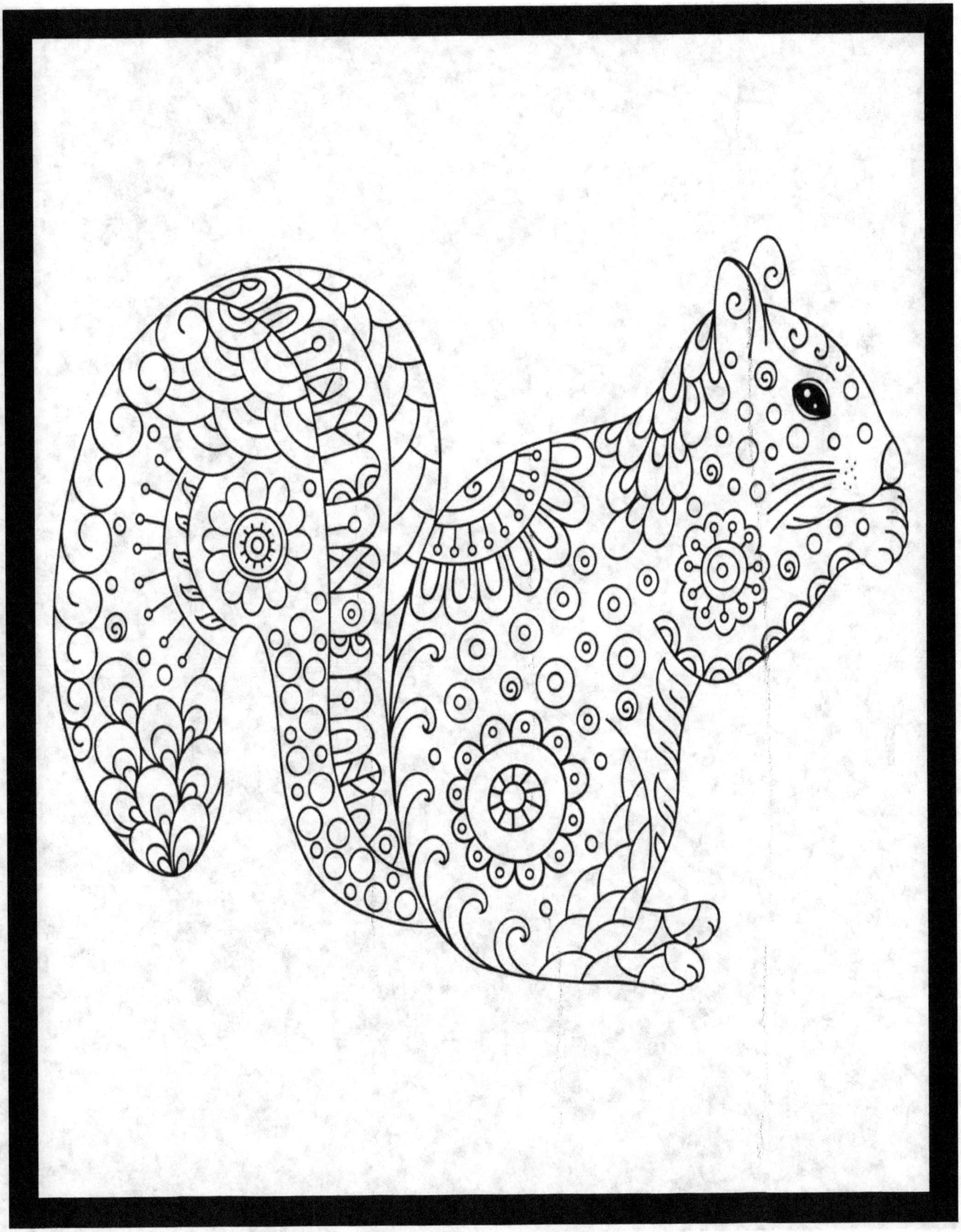

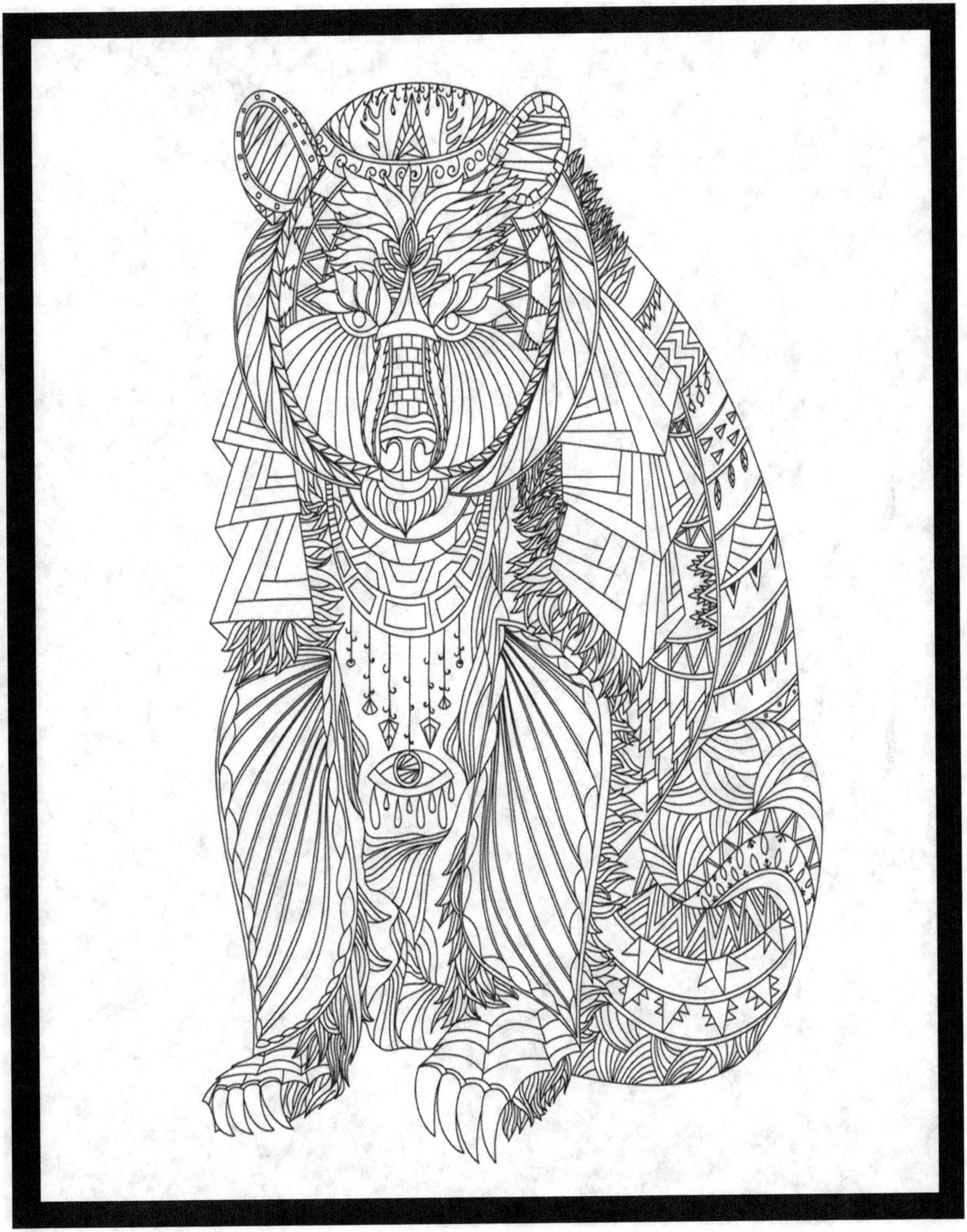

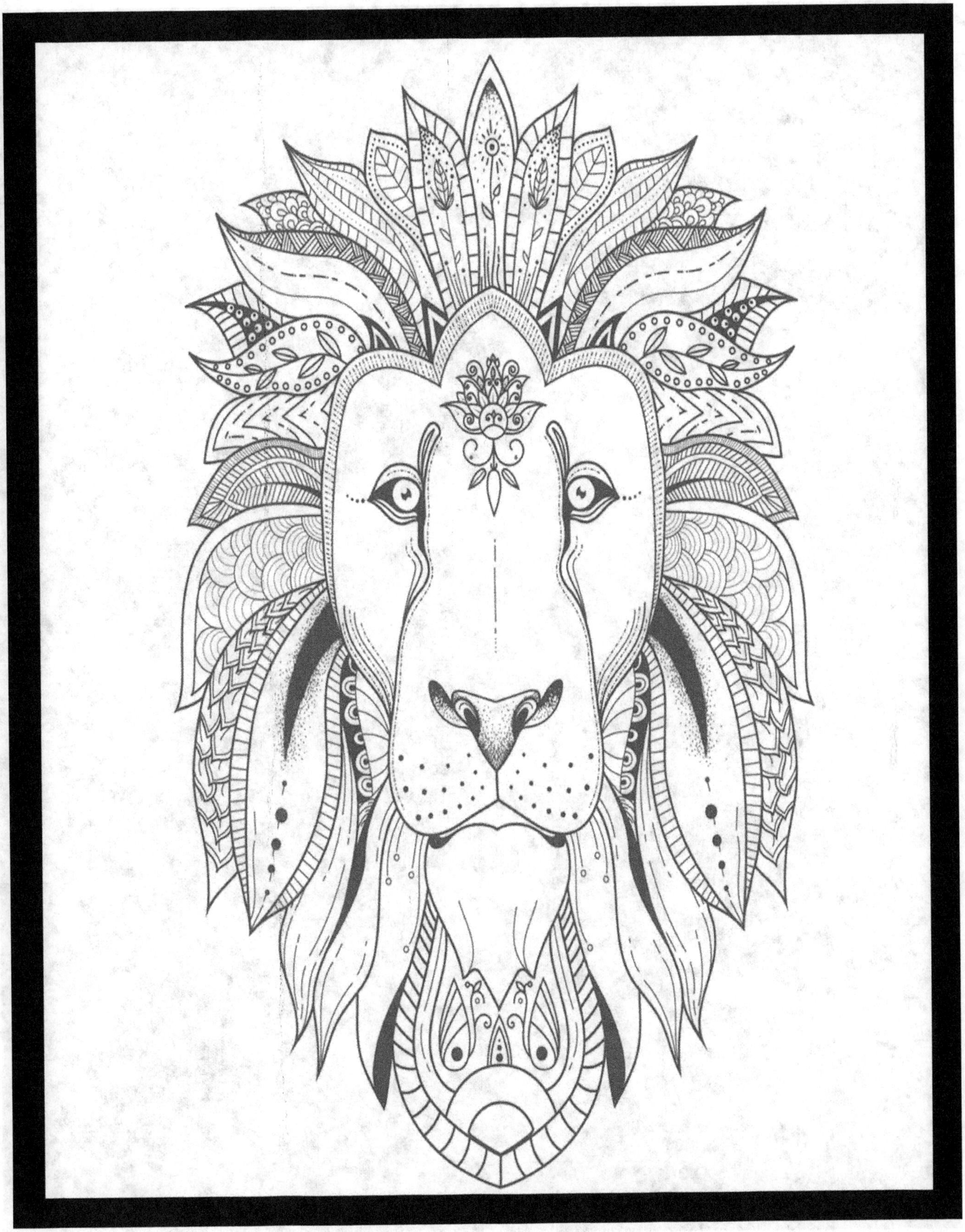

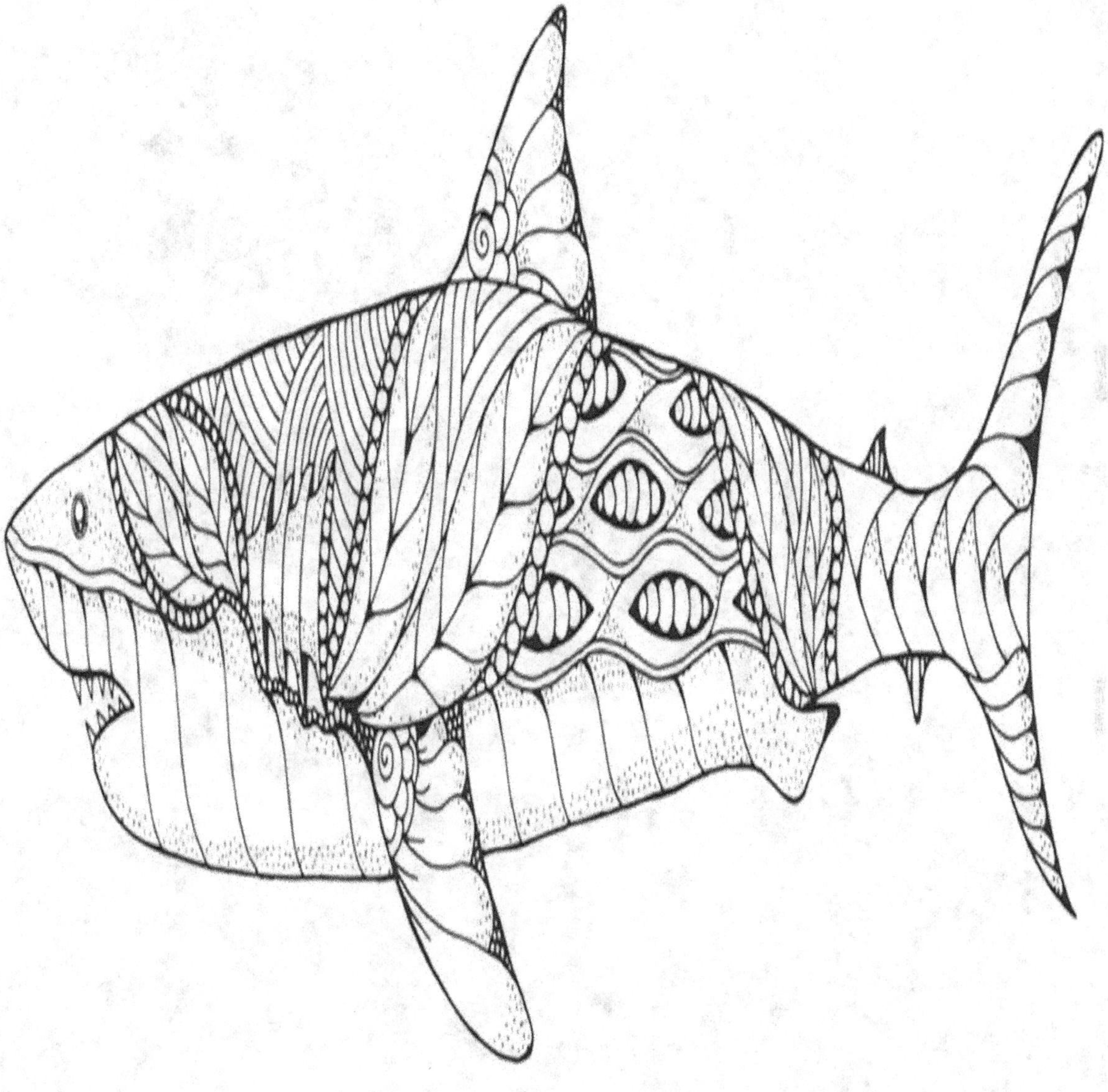

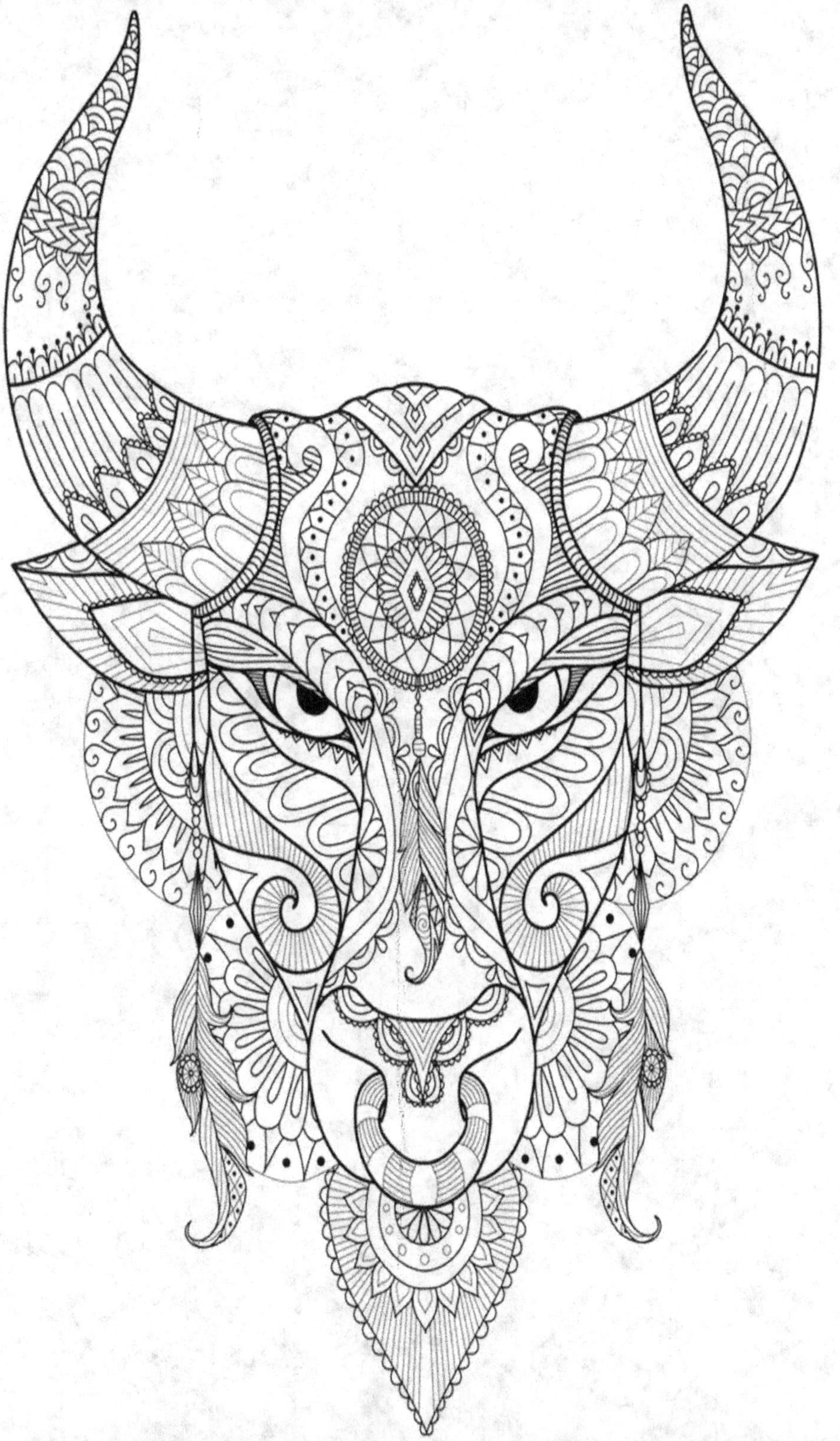

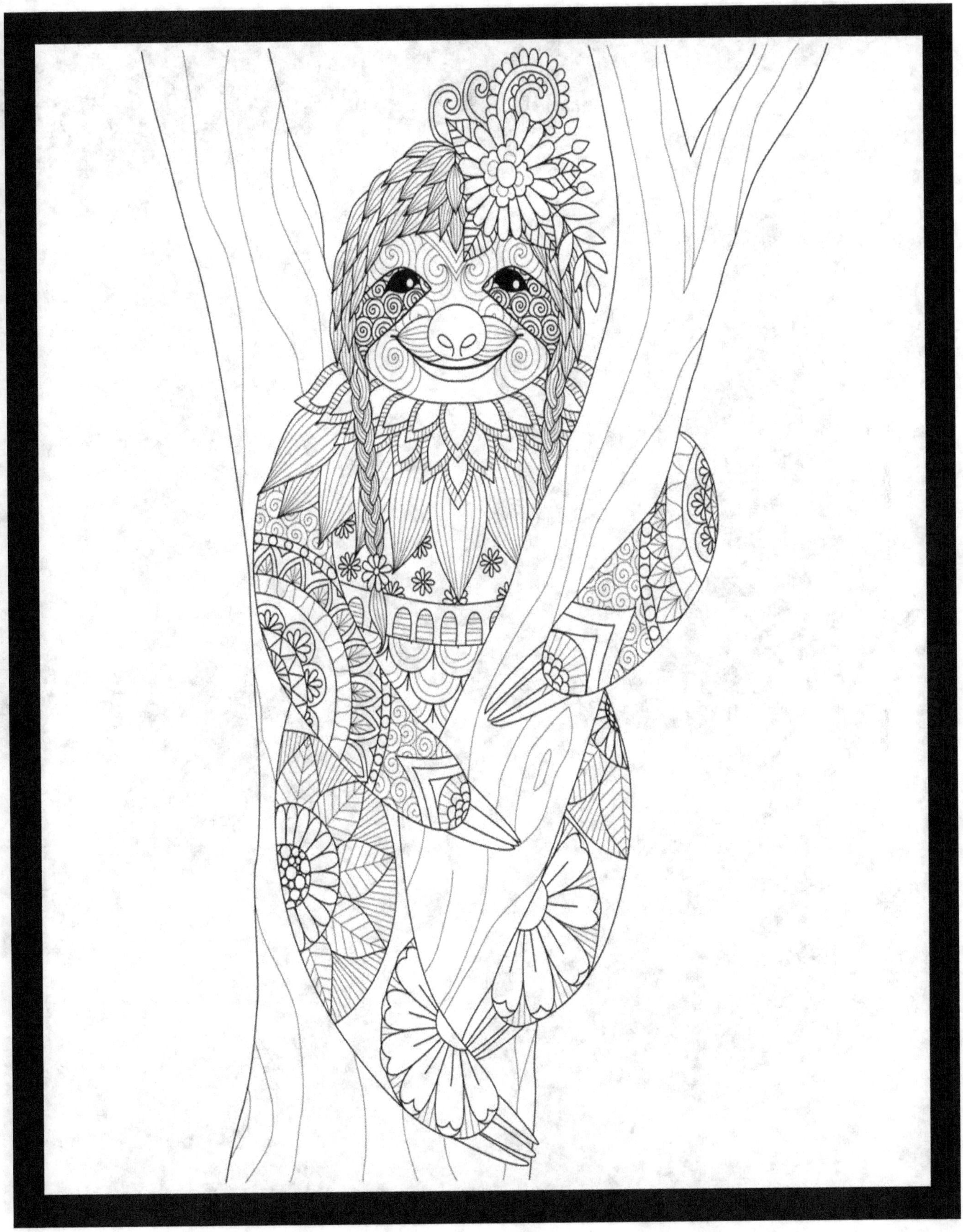

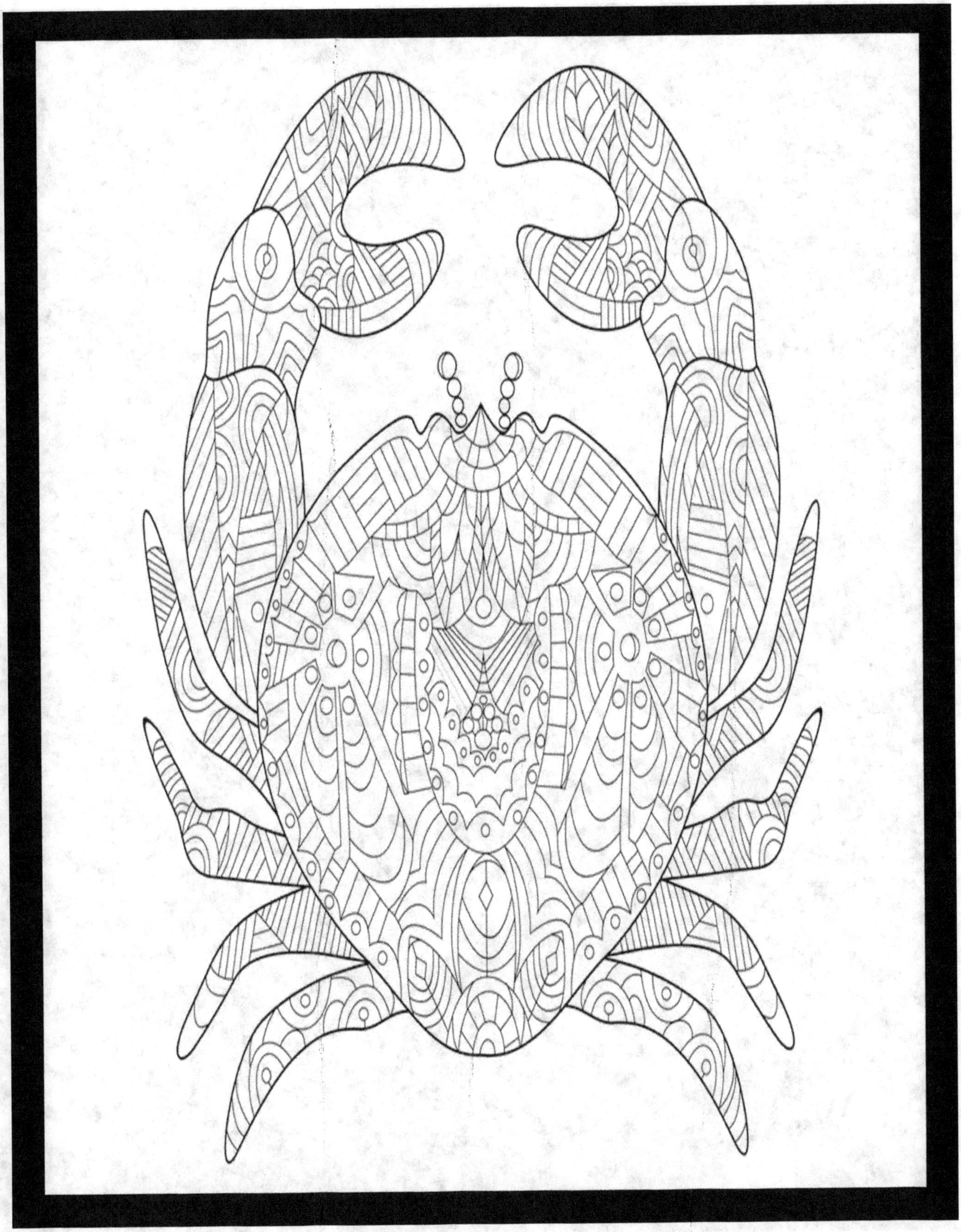

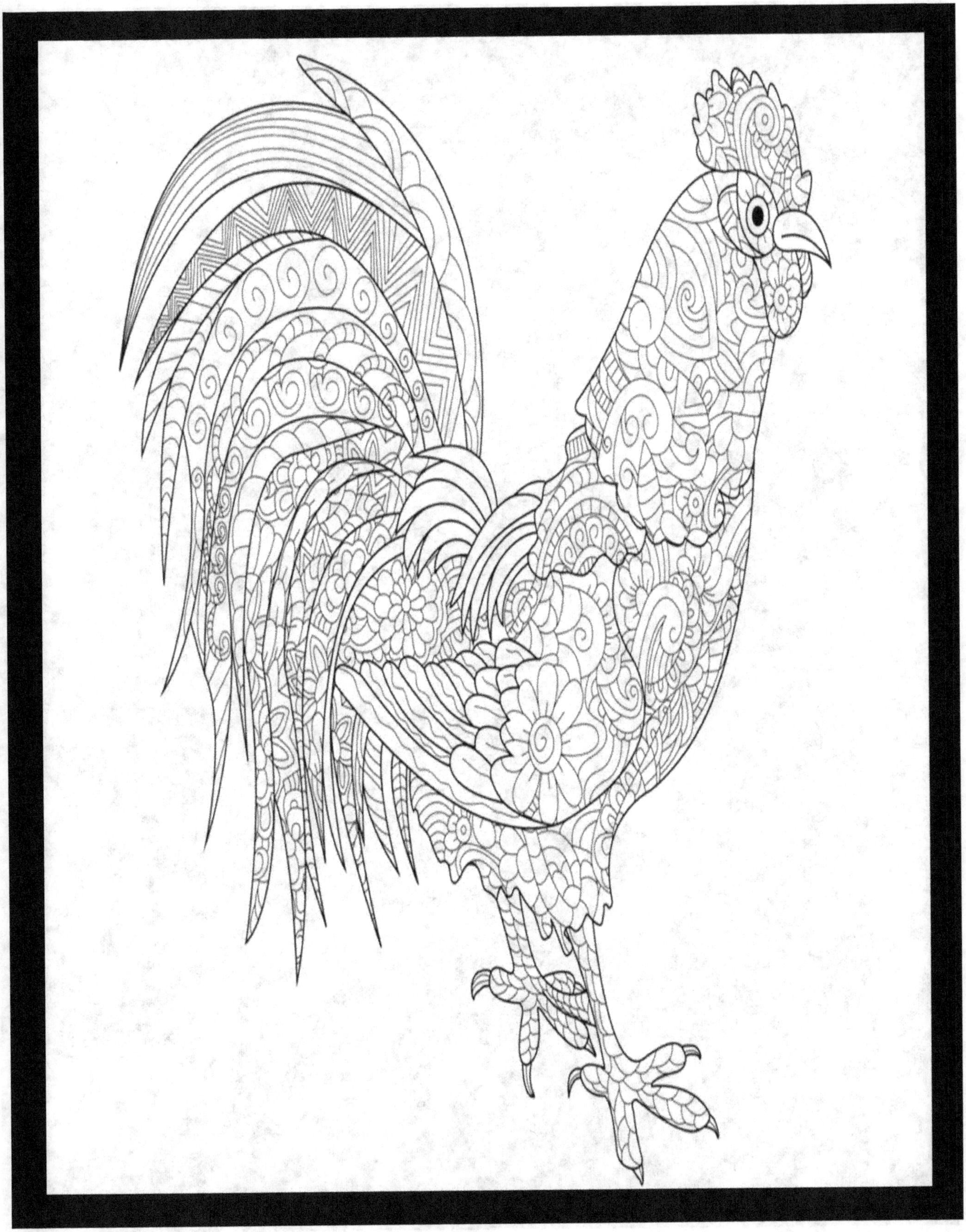

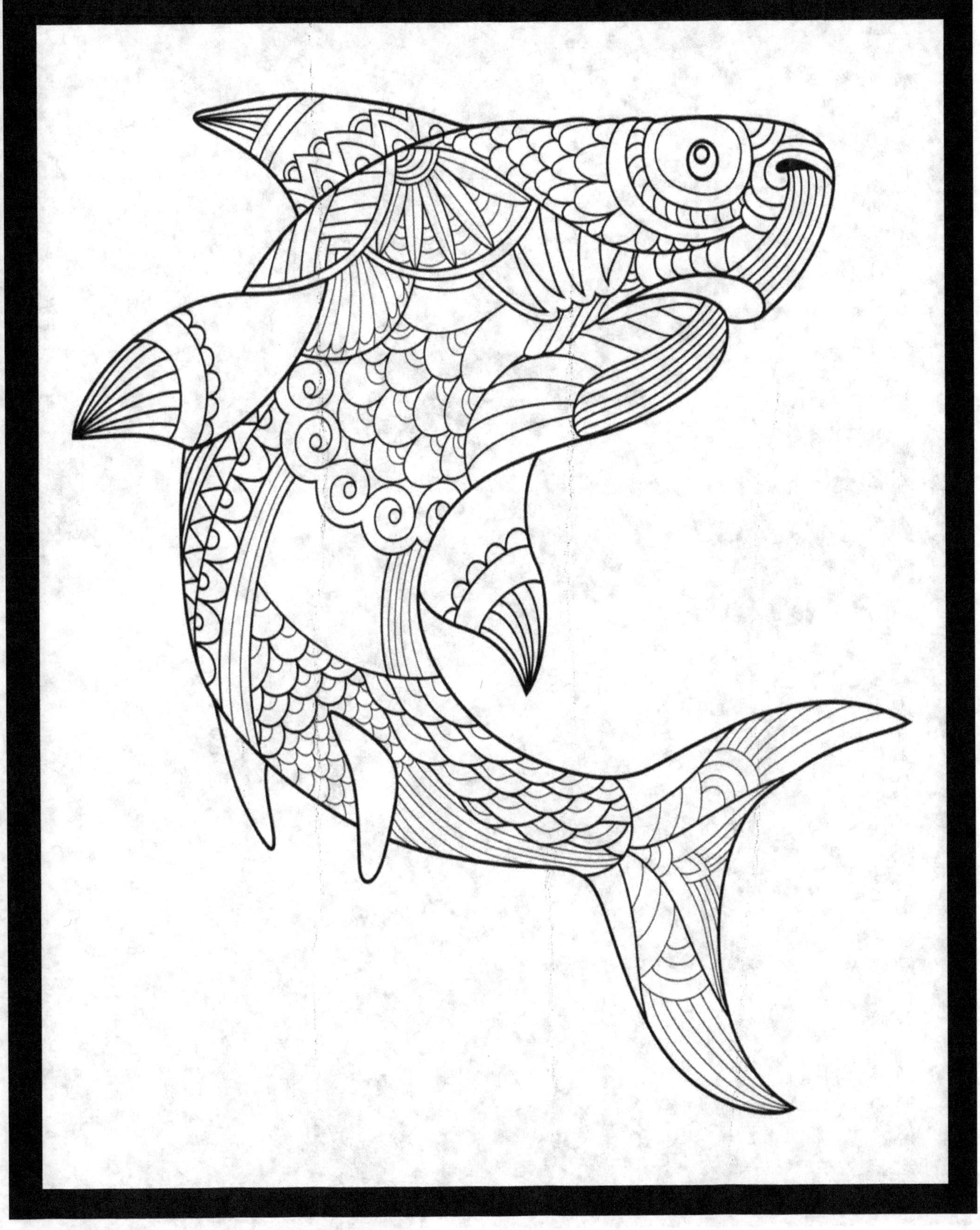

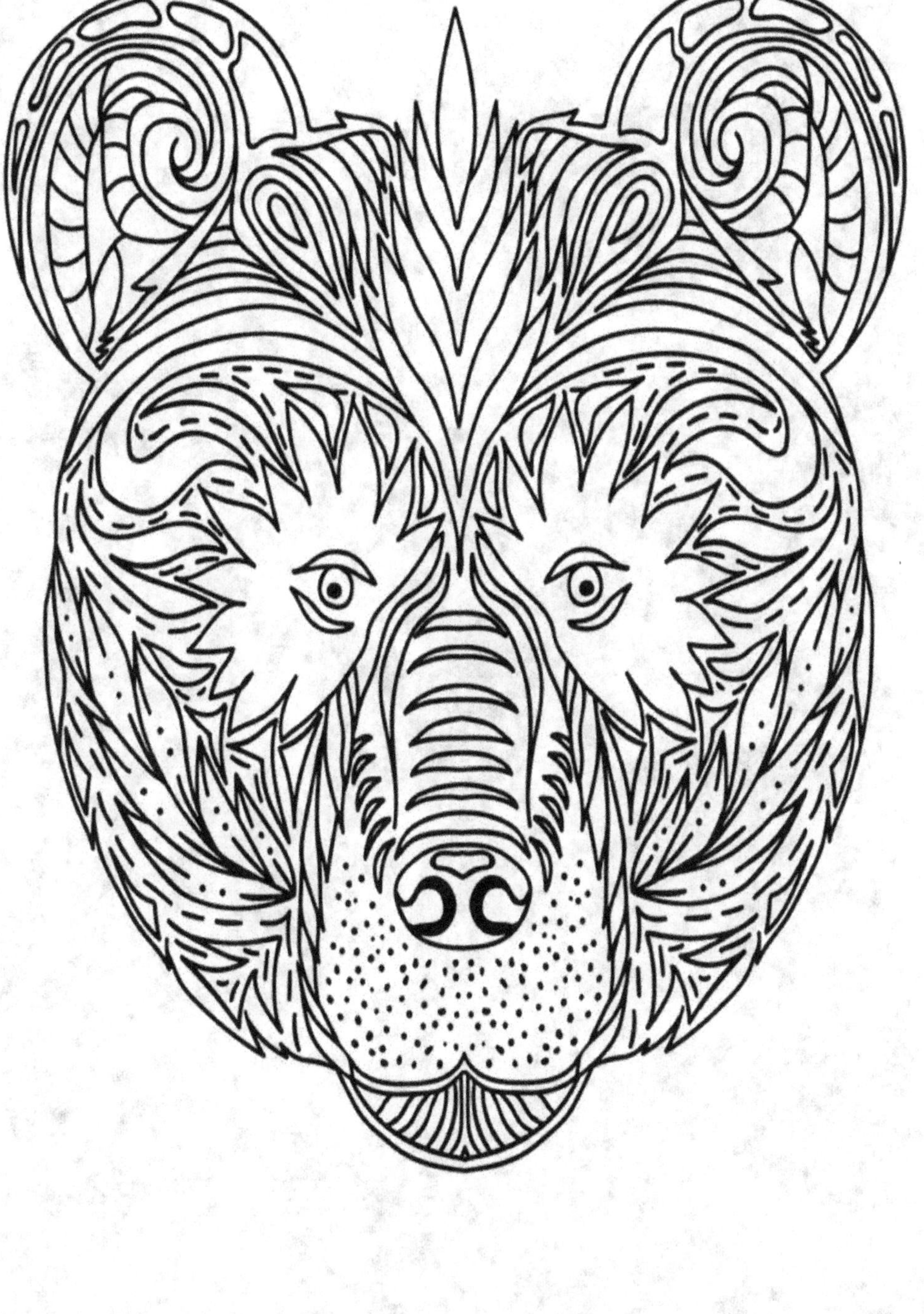

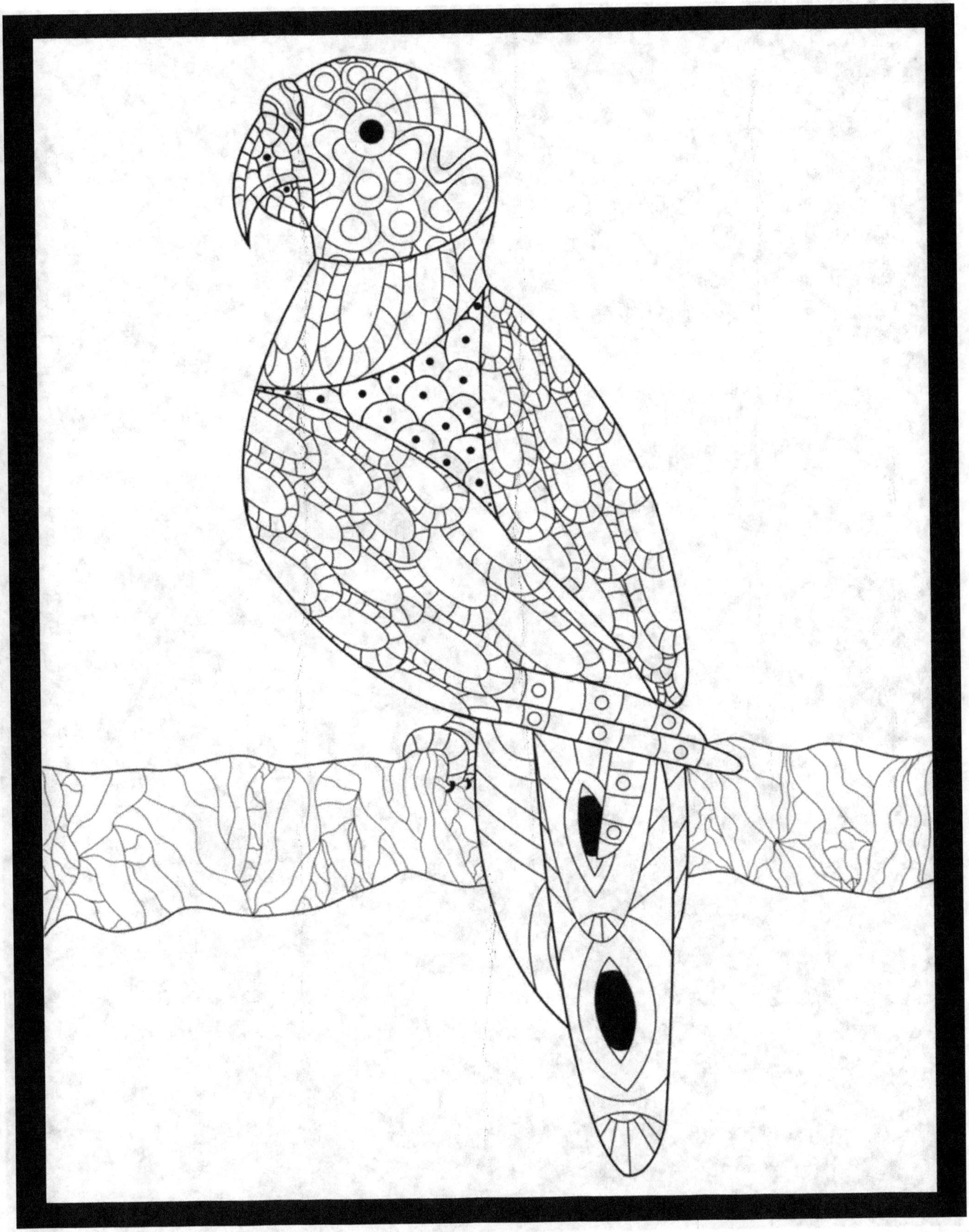

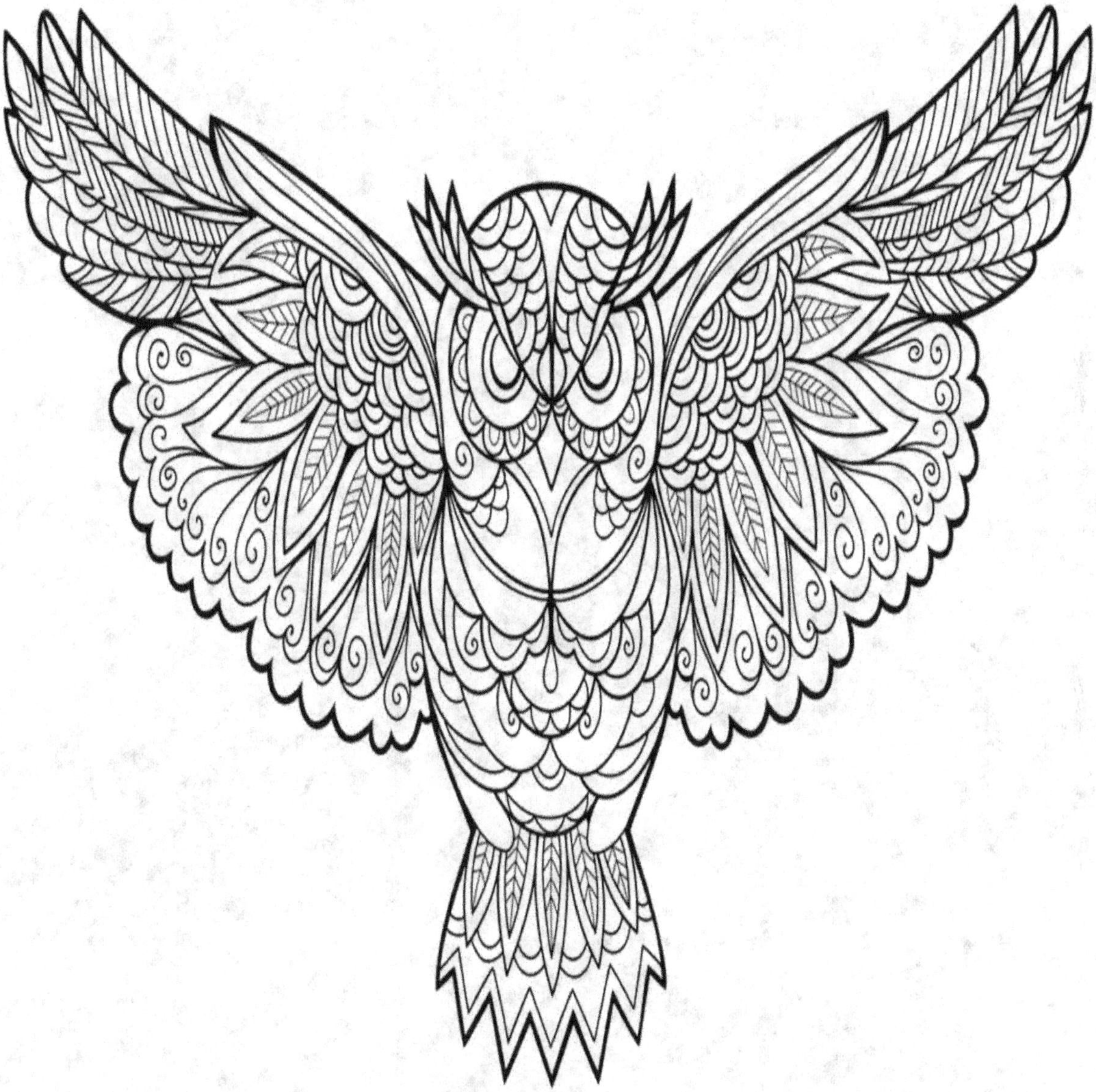

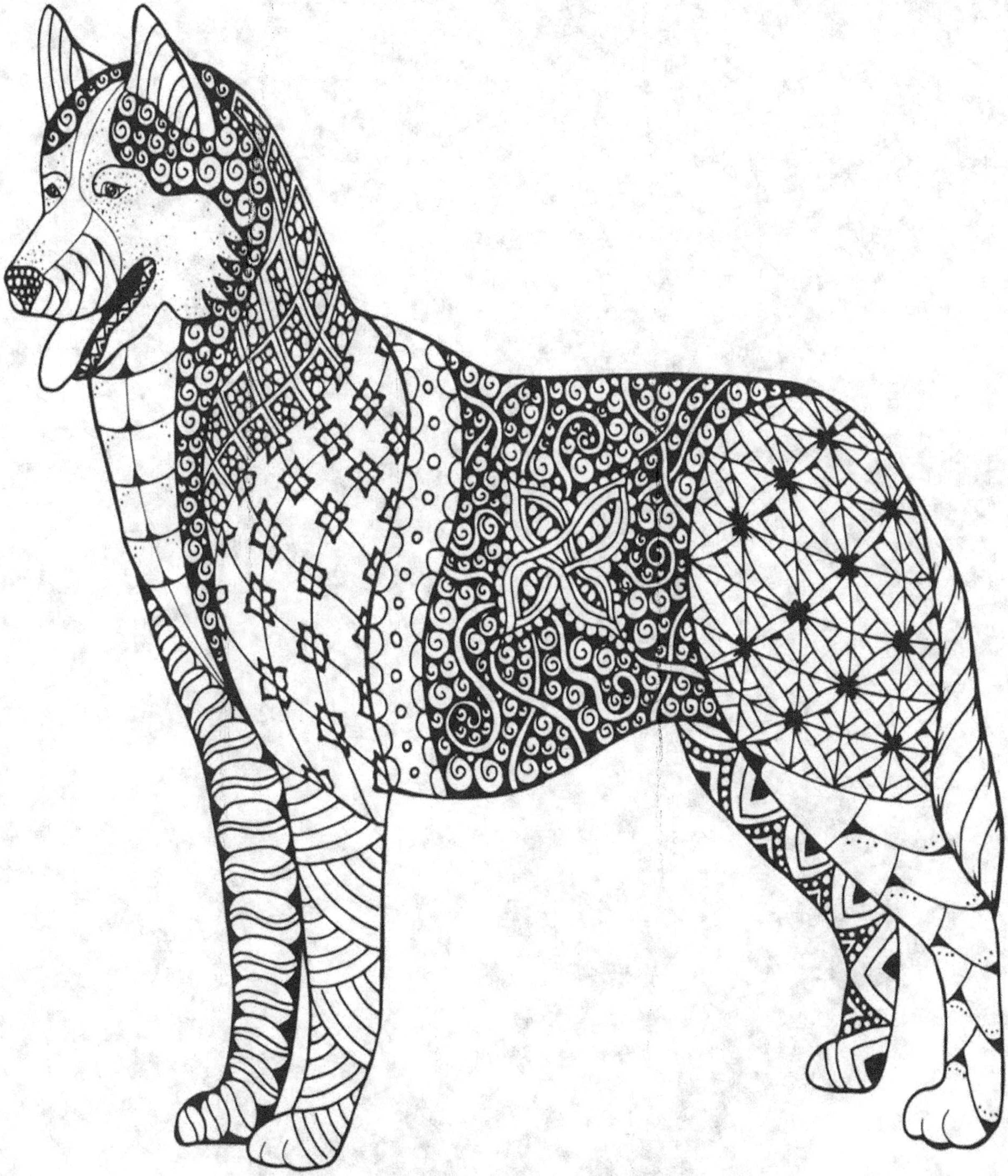

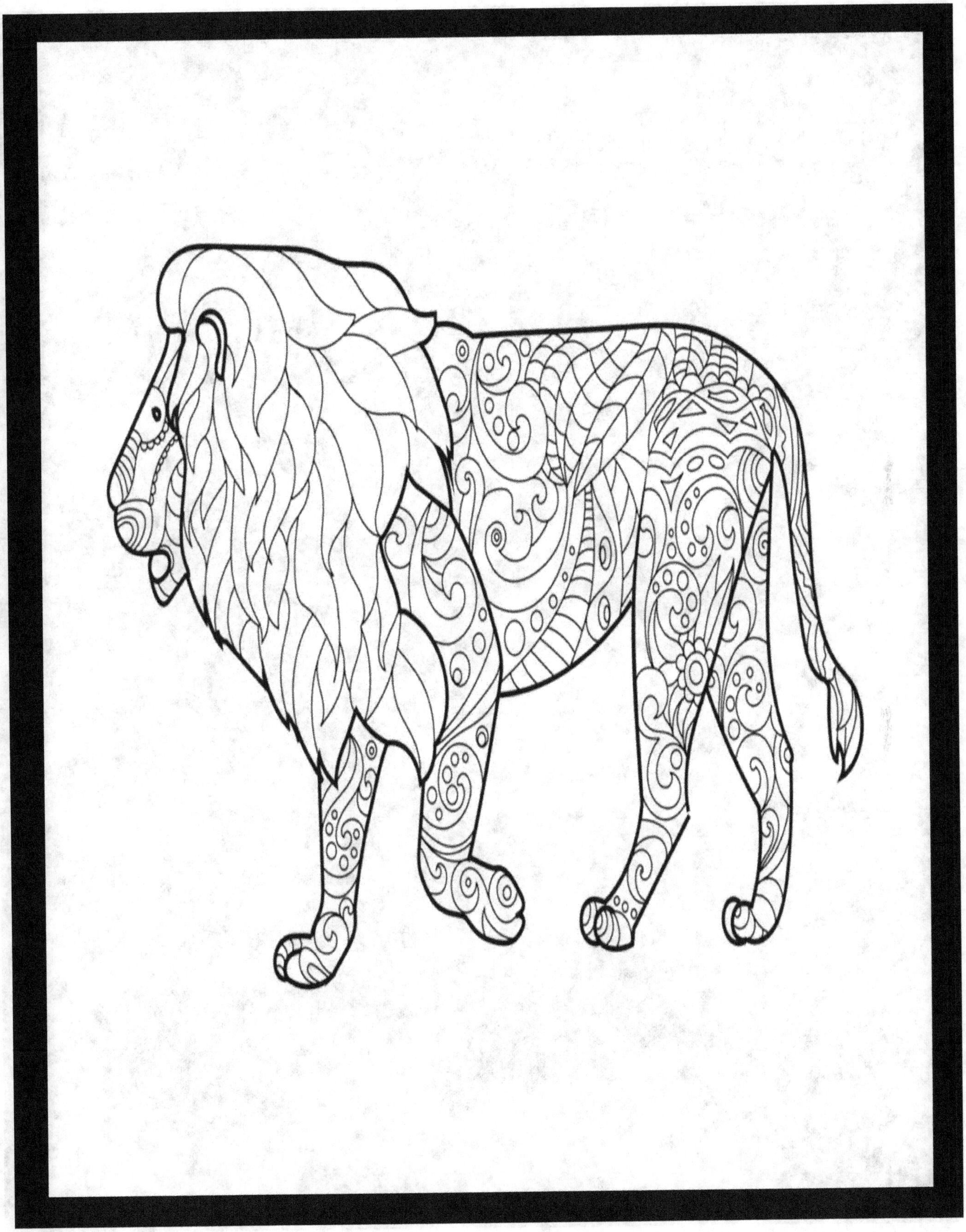

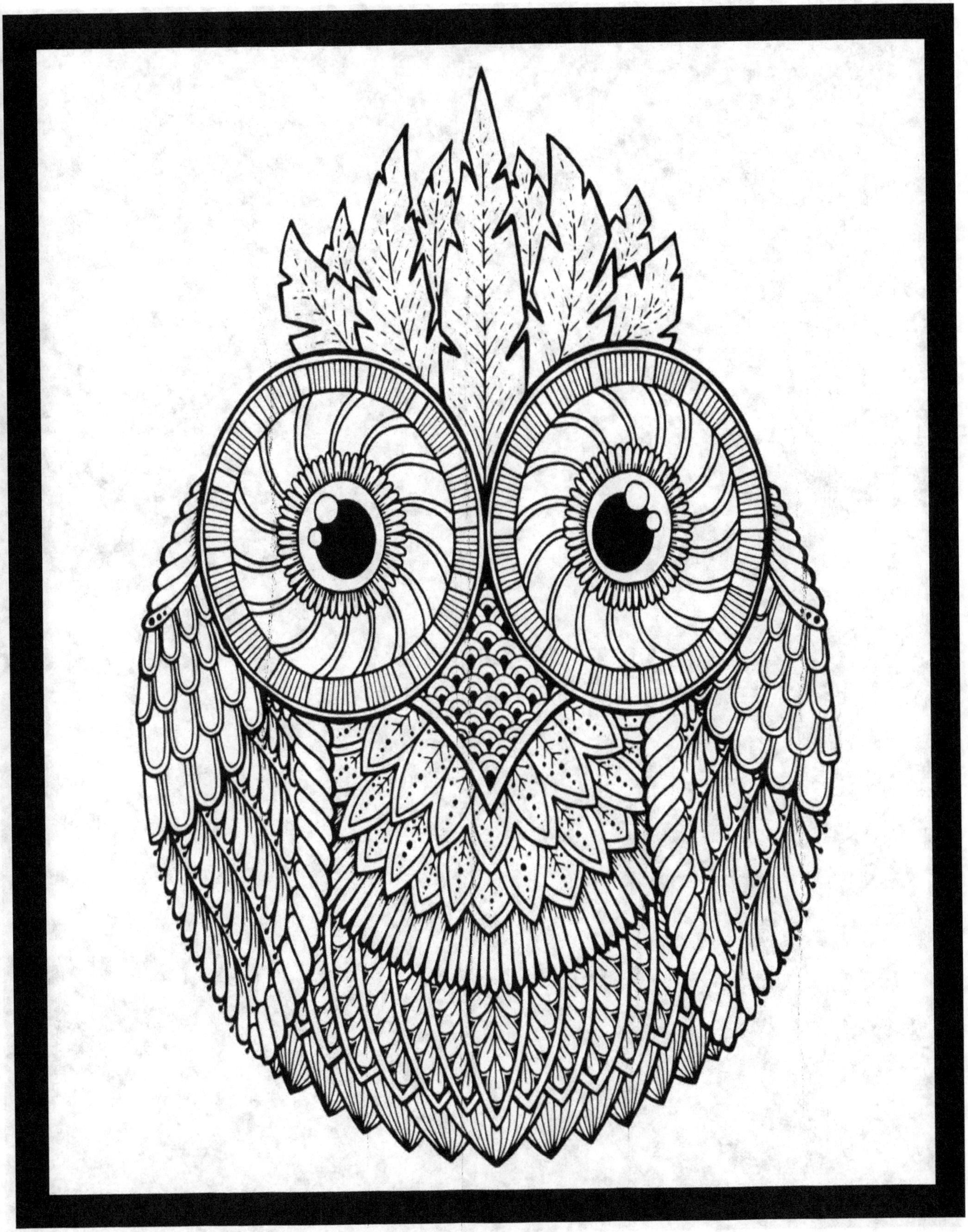

[redacted]

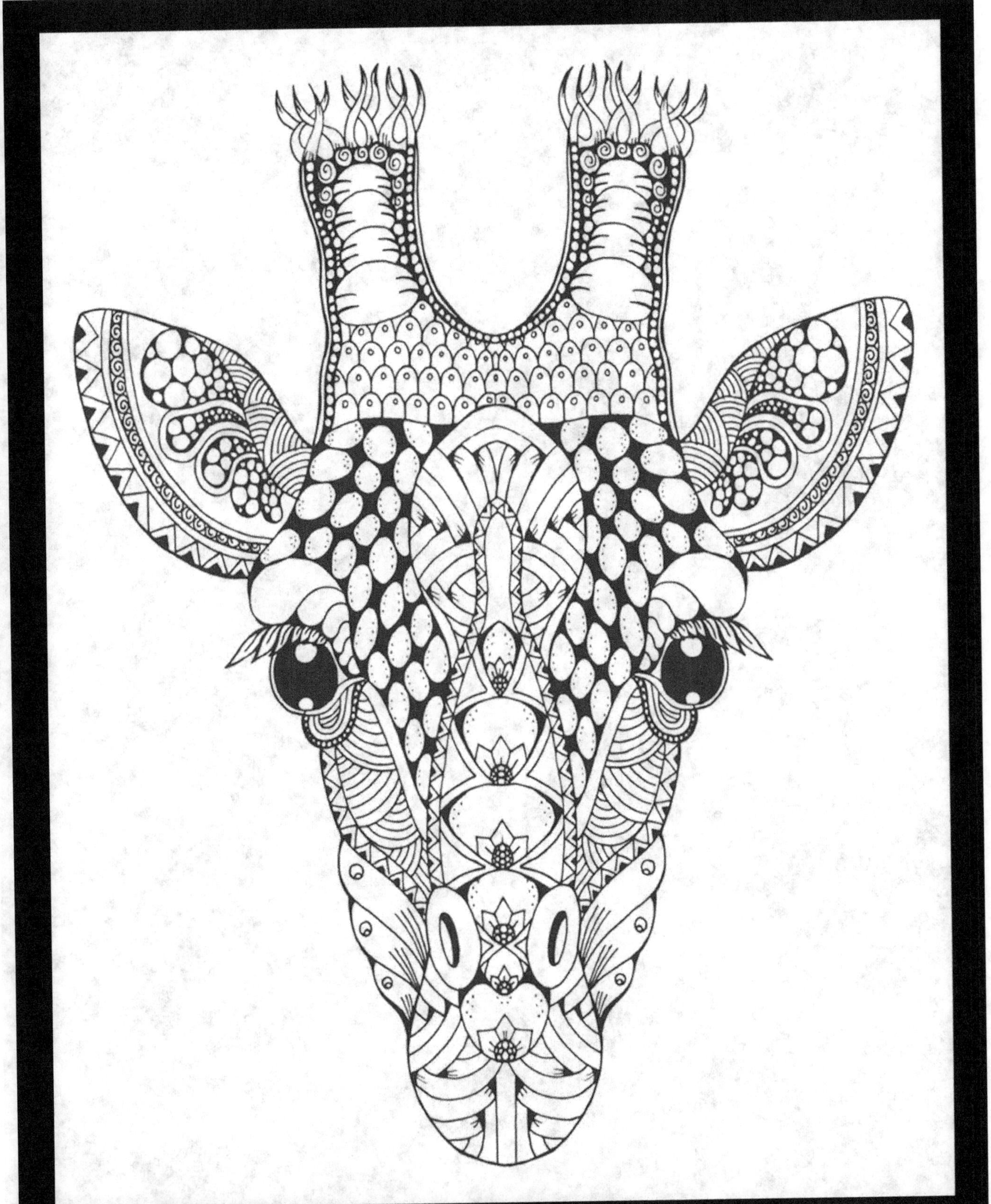

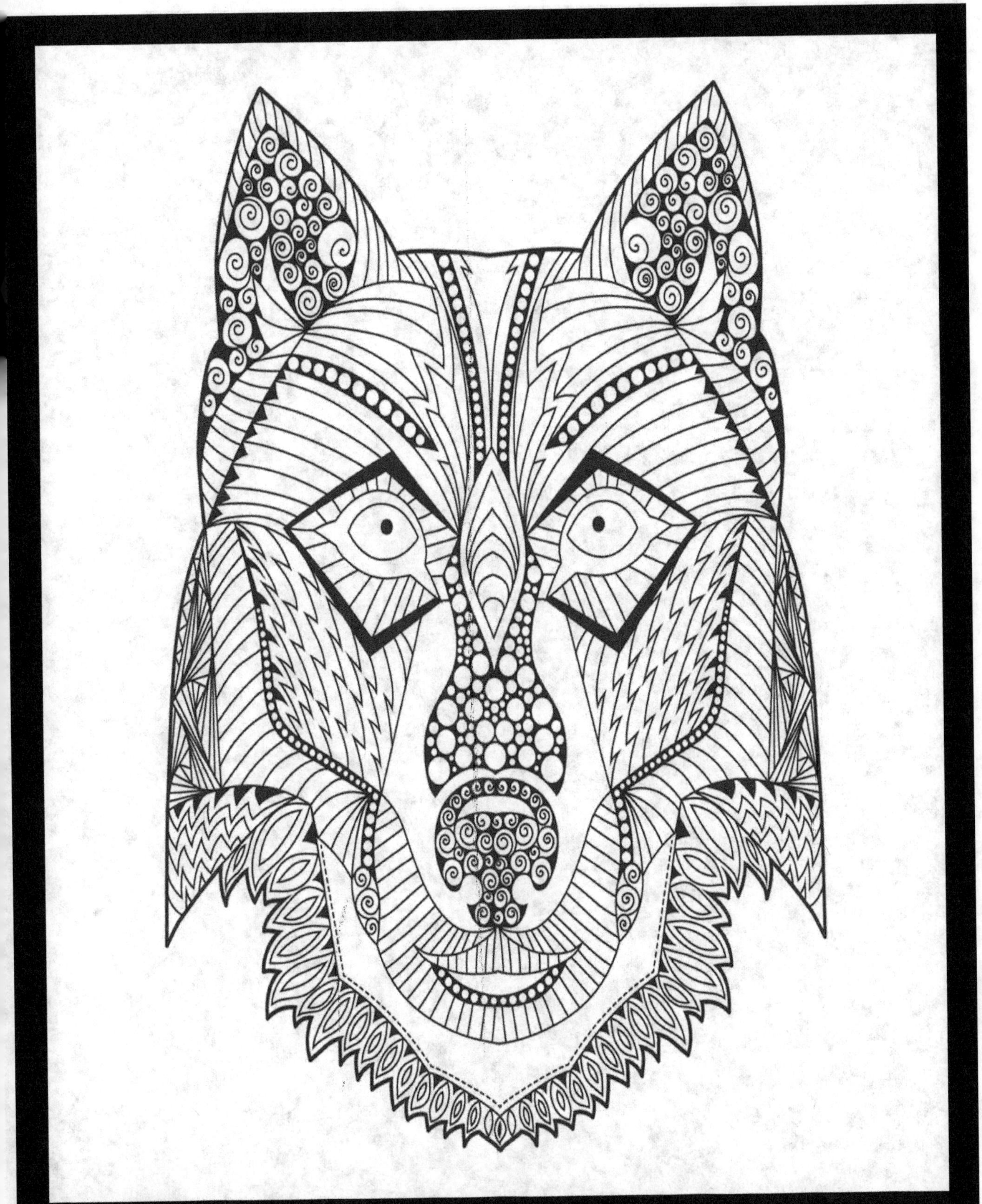

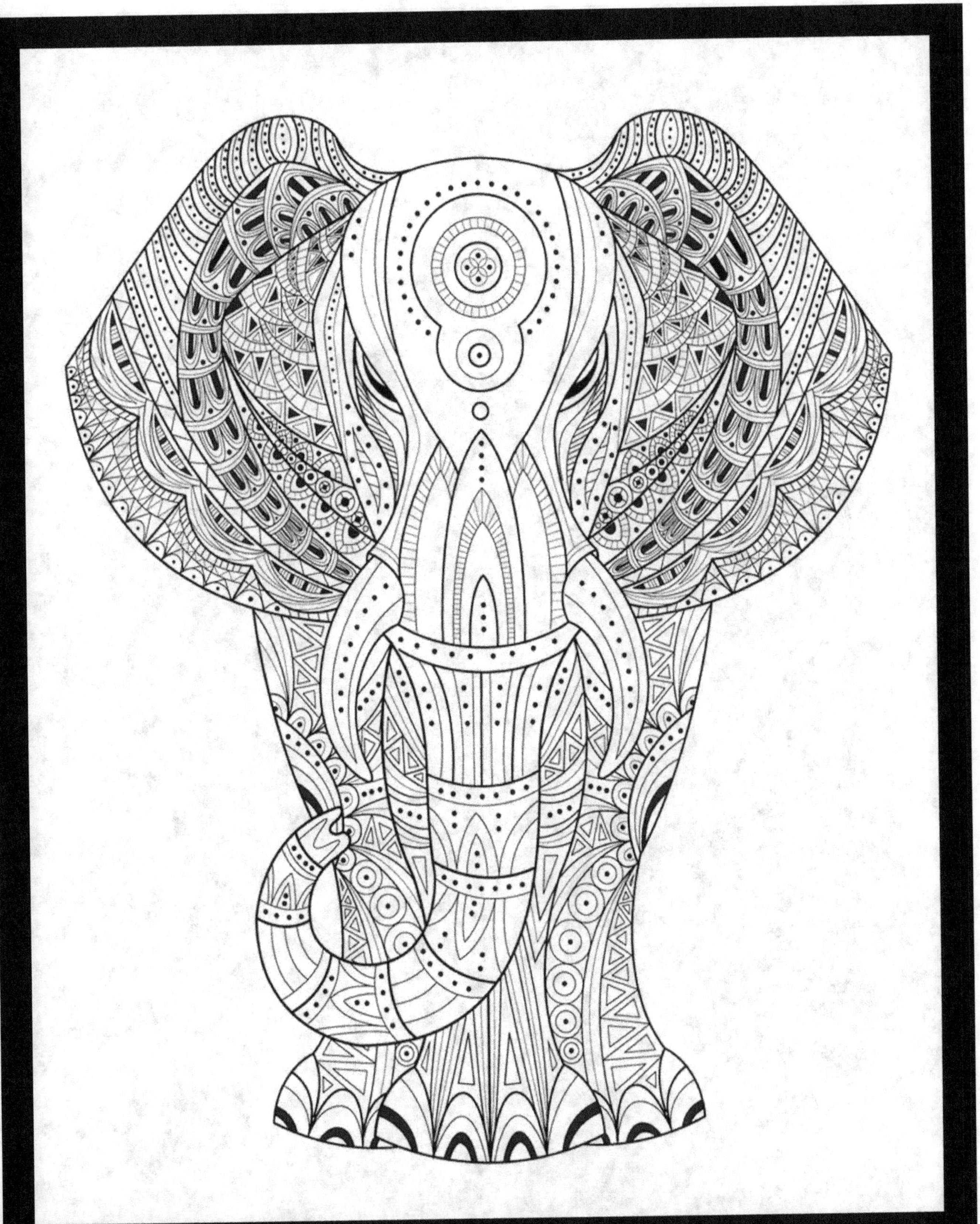

[redacted]

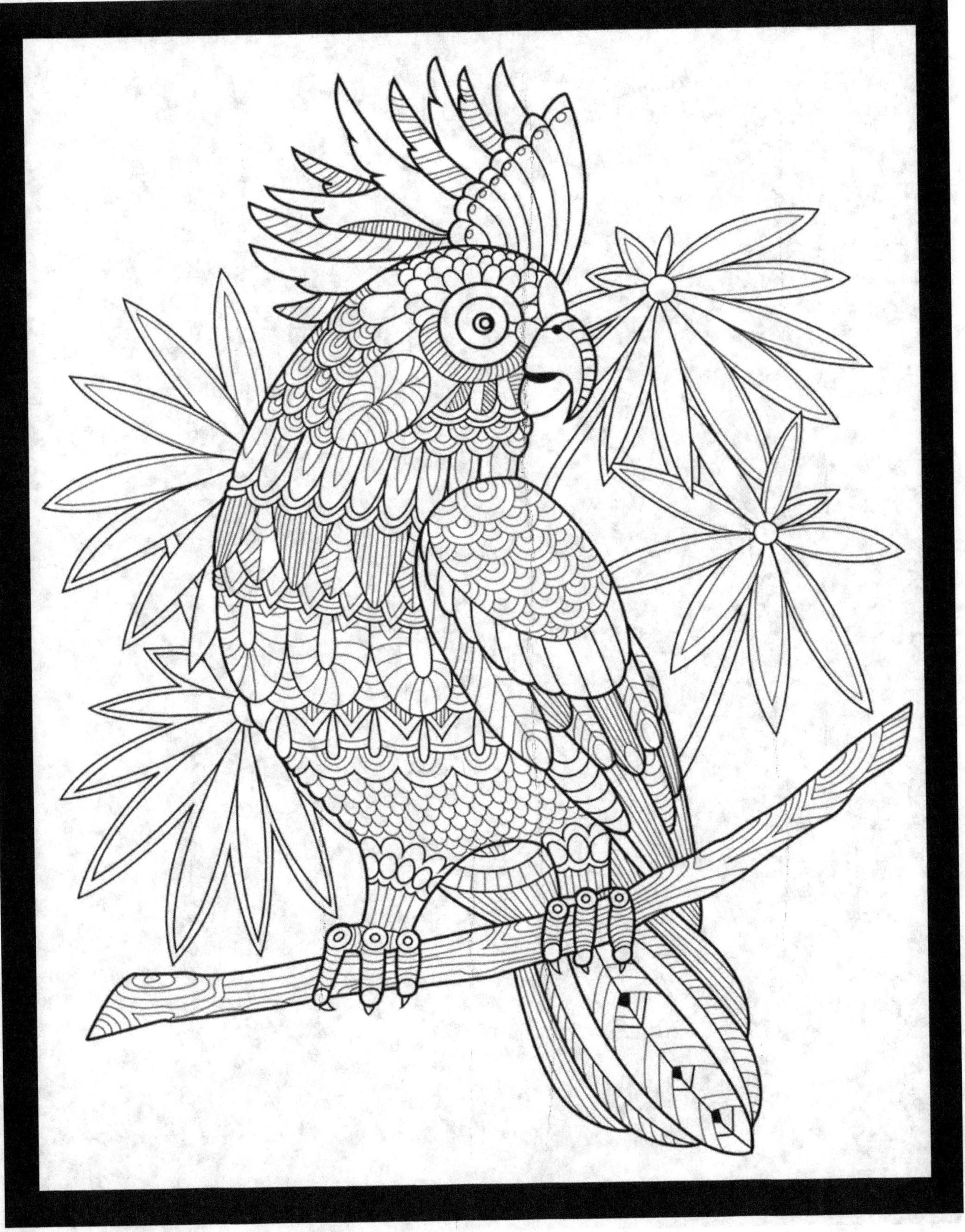

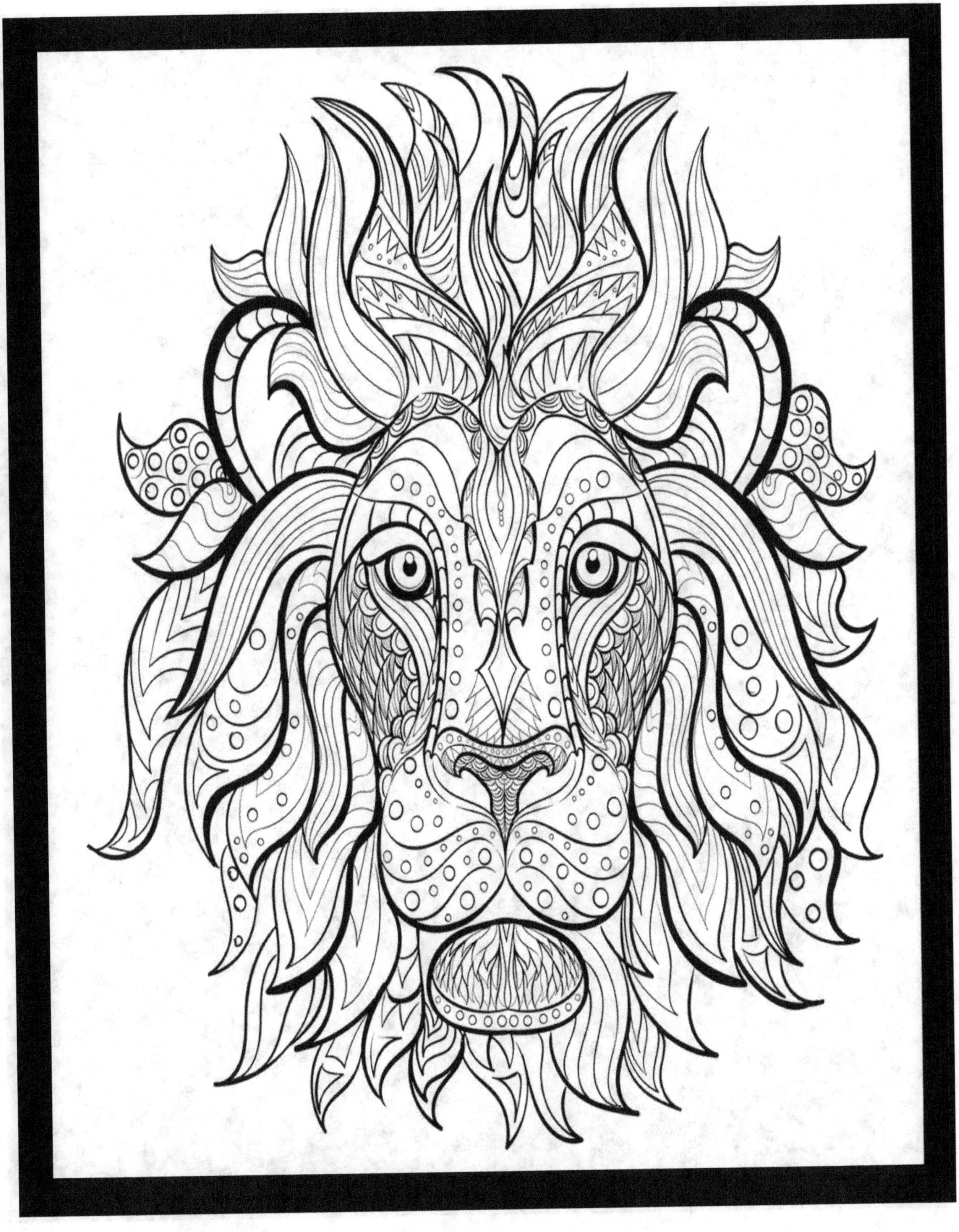

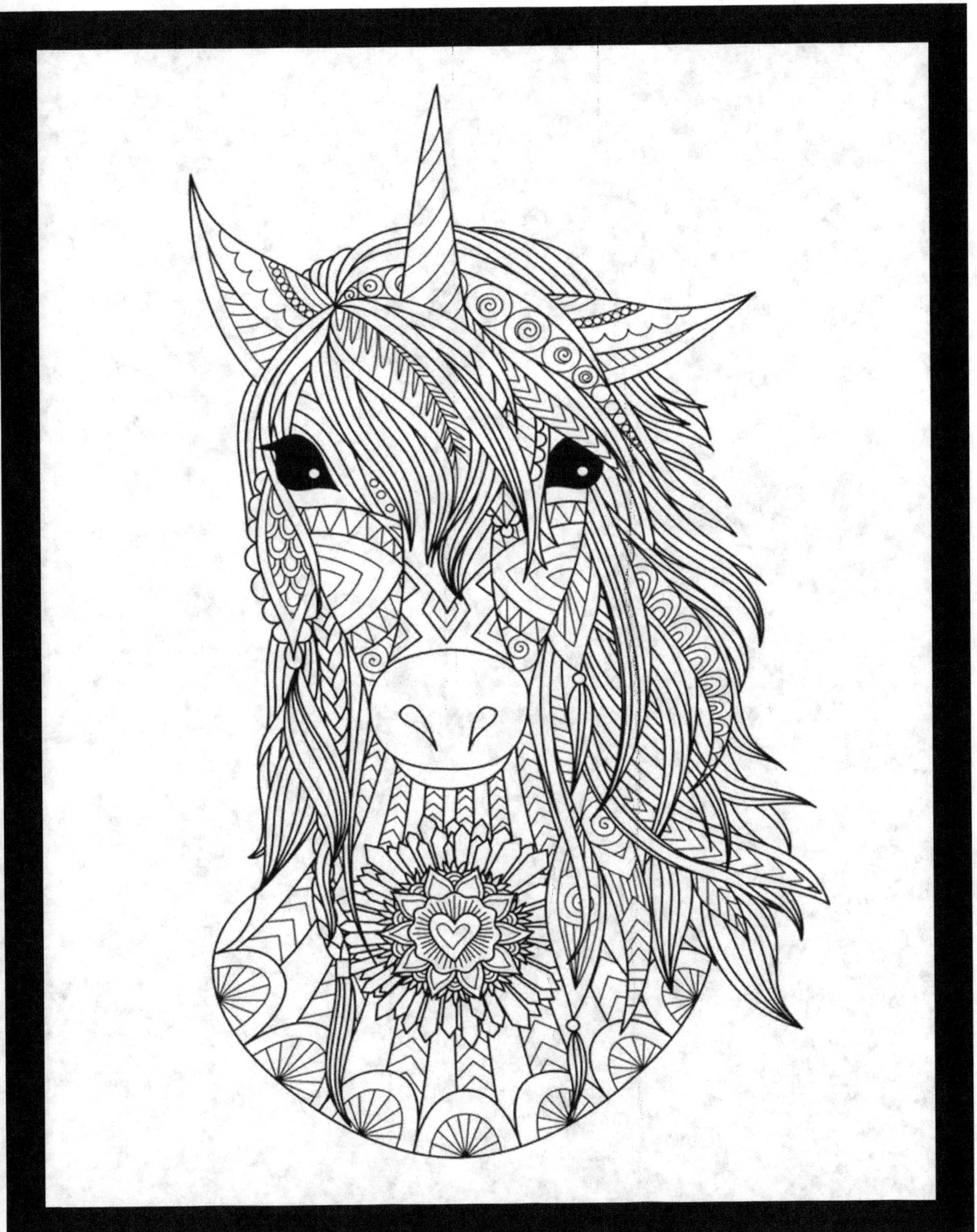

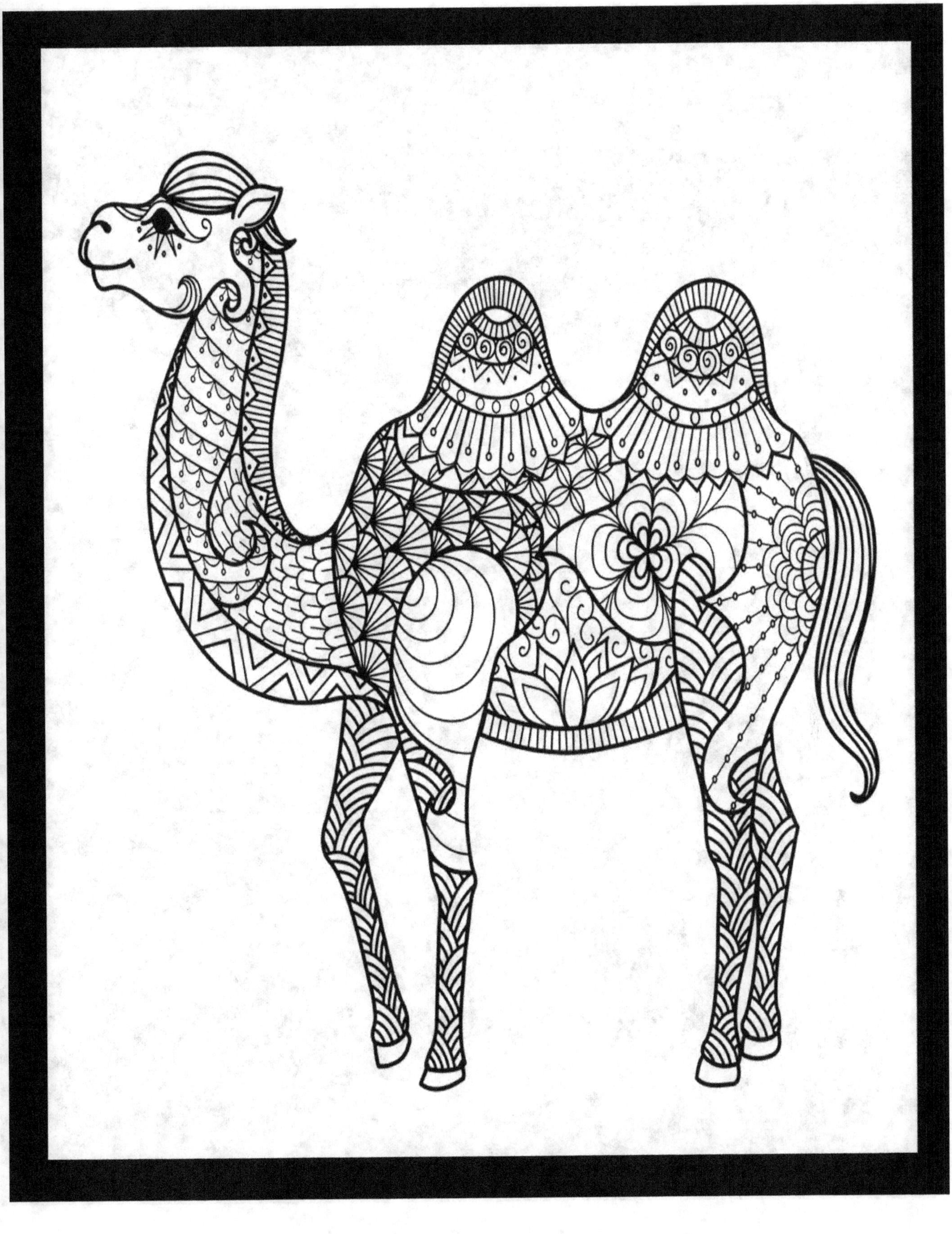

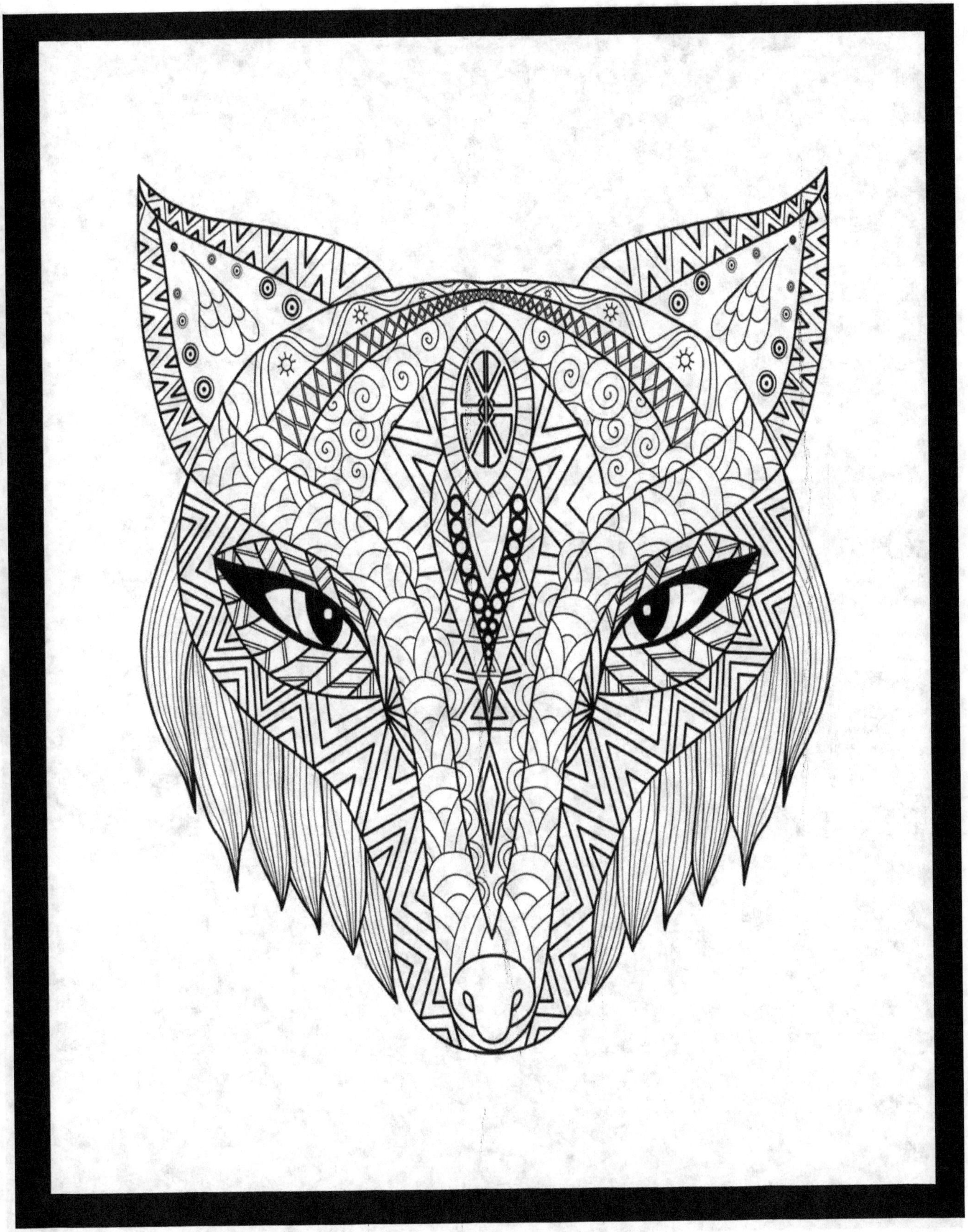

[redacted]

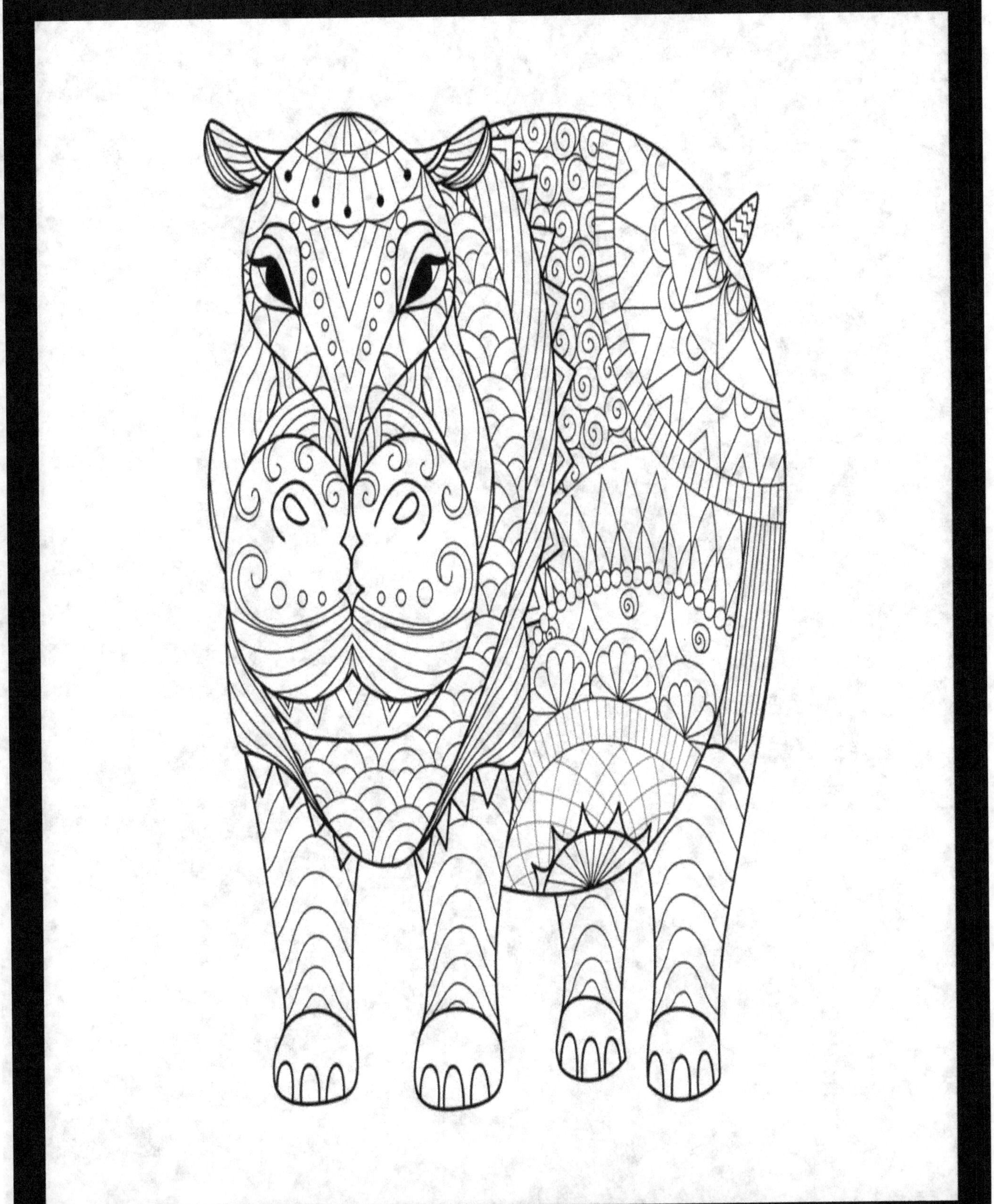

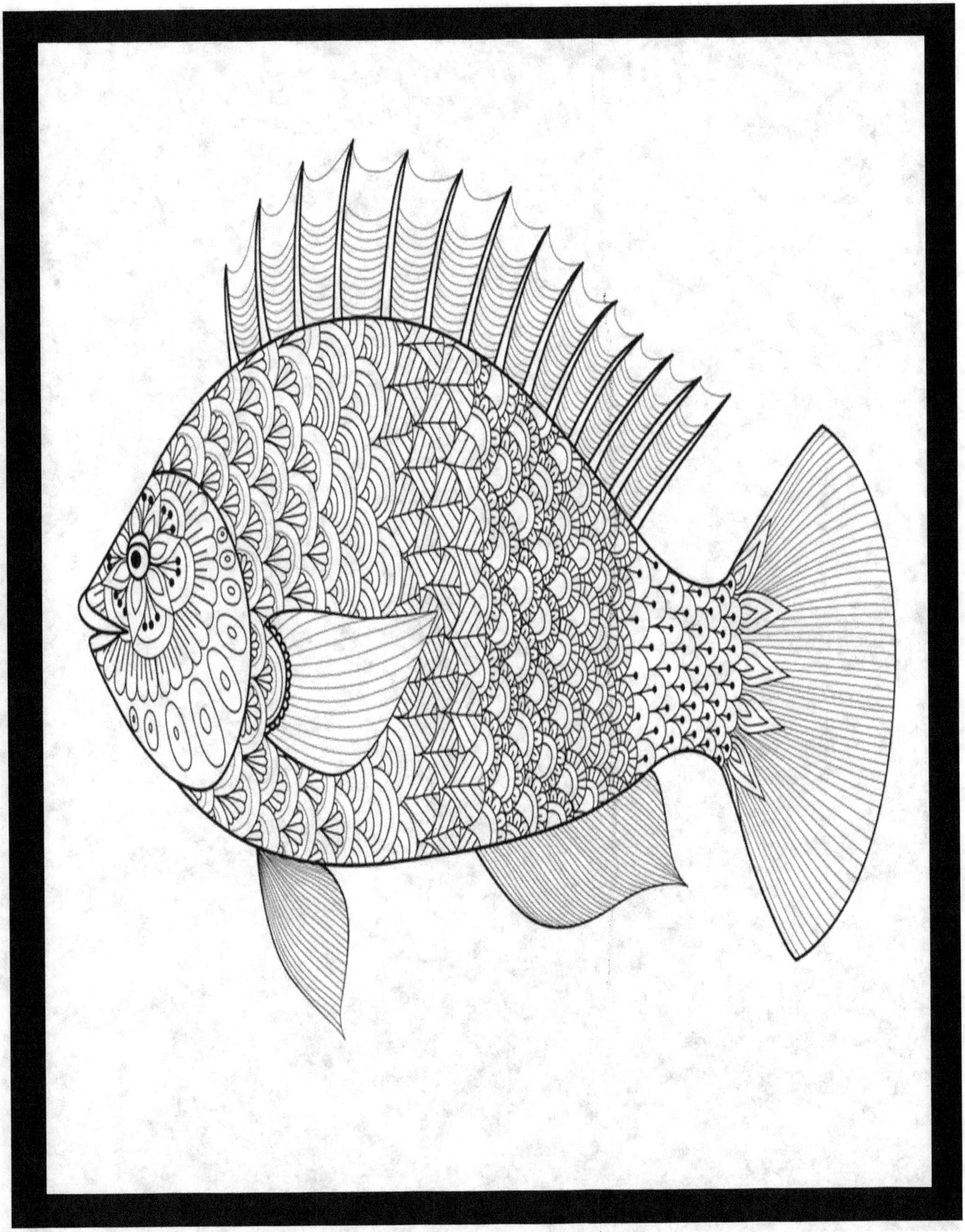

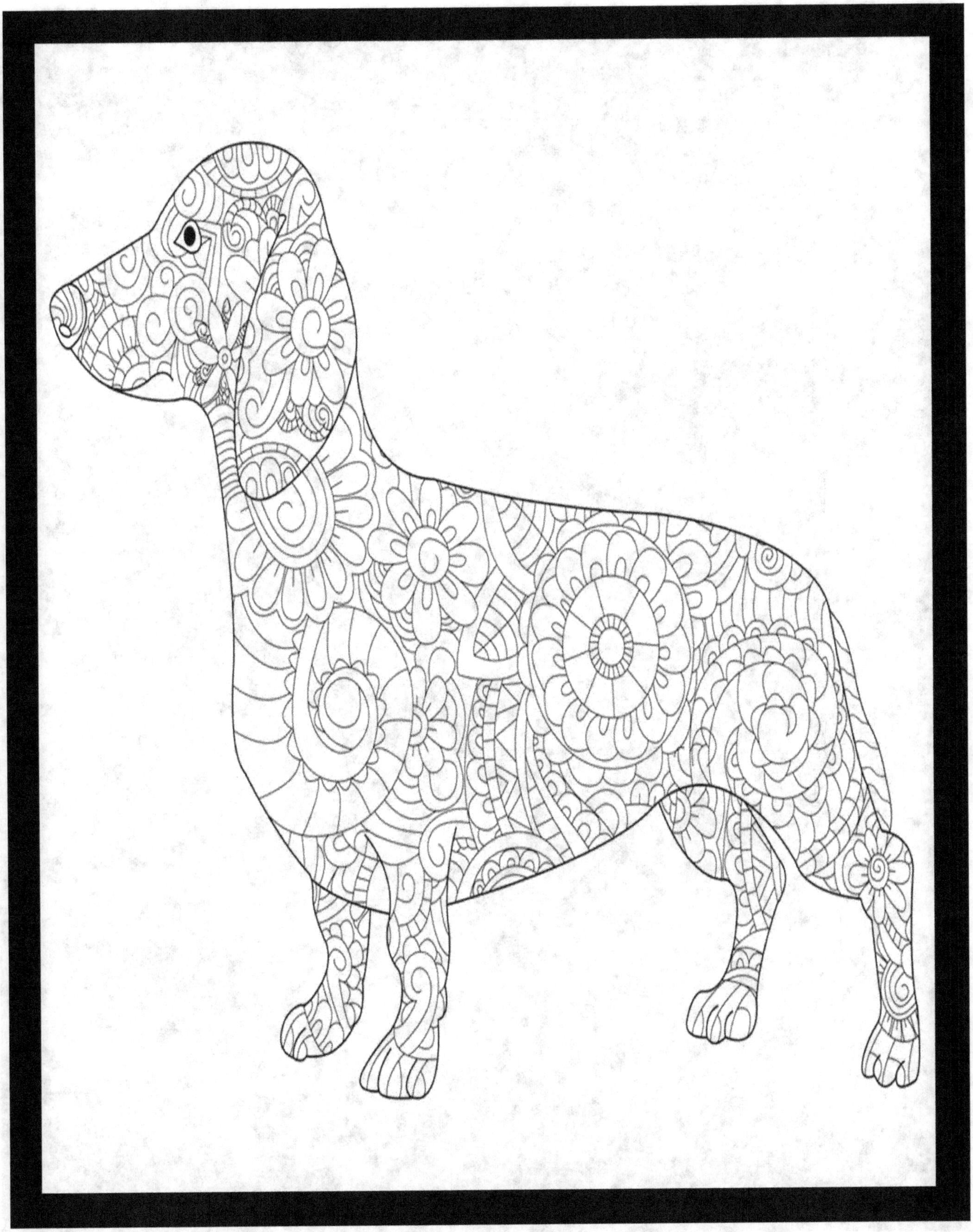

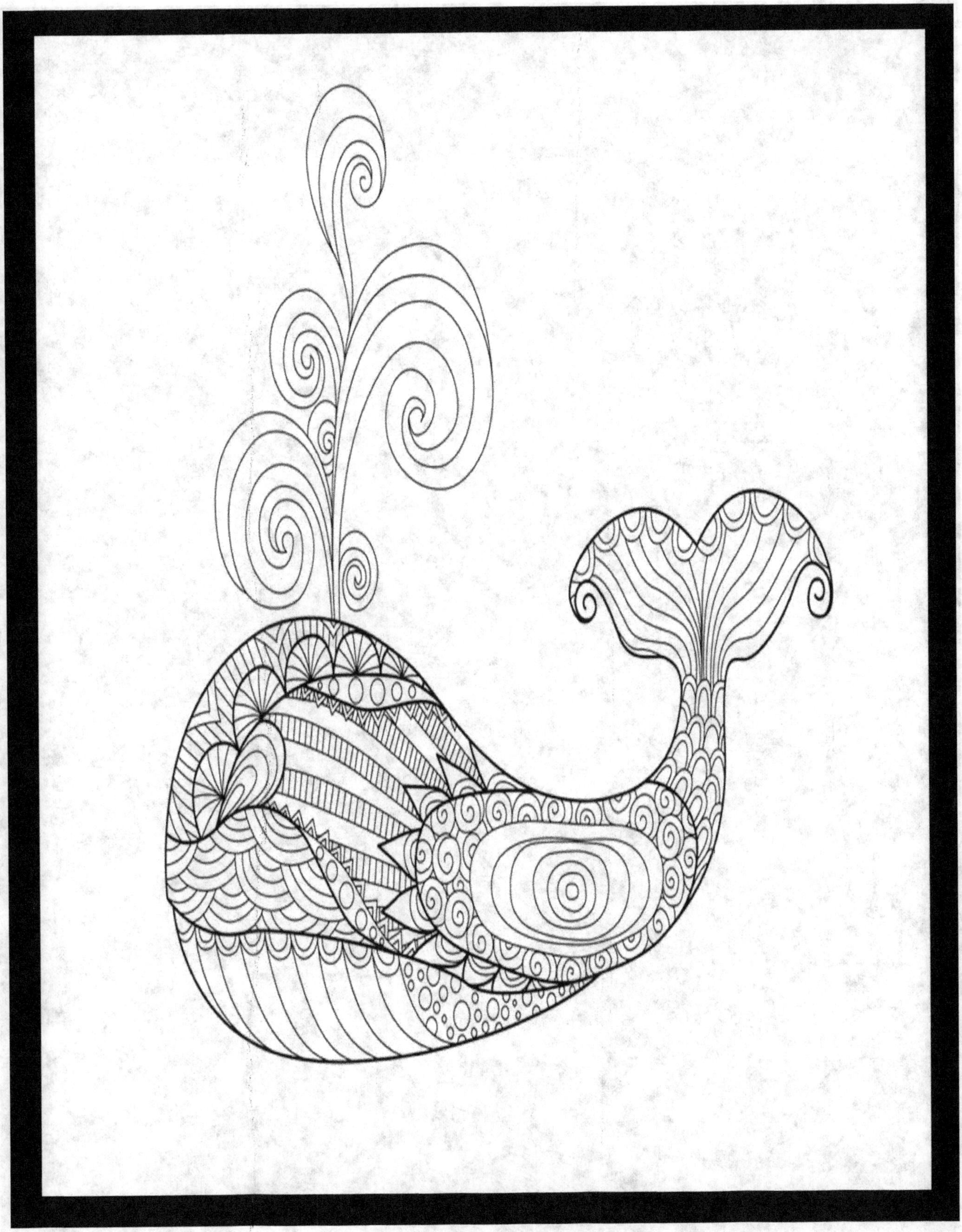

[redacted]

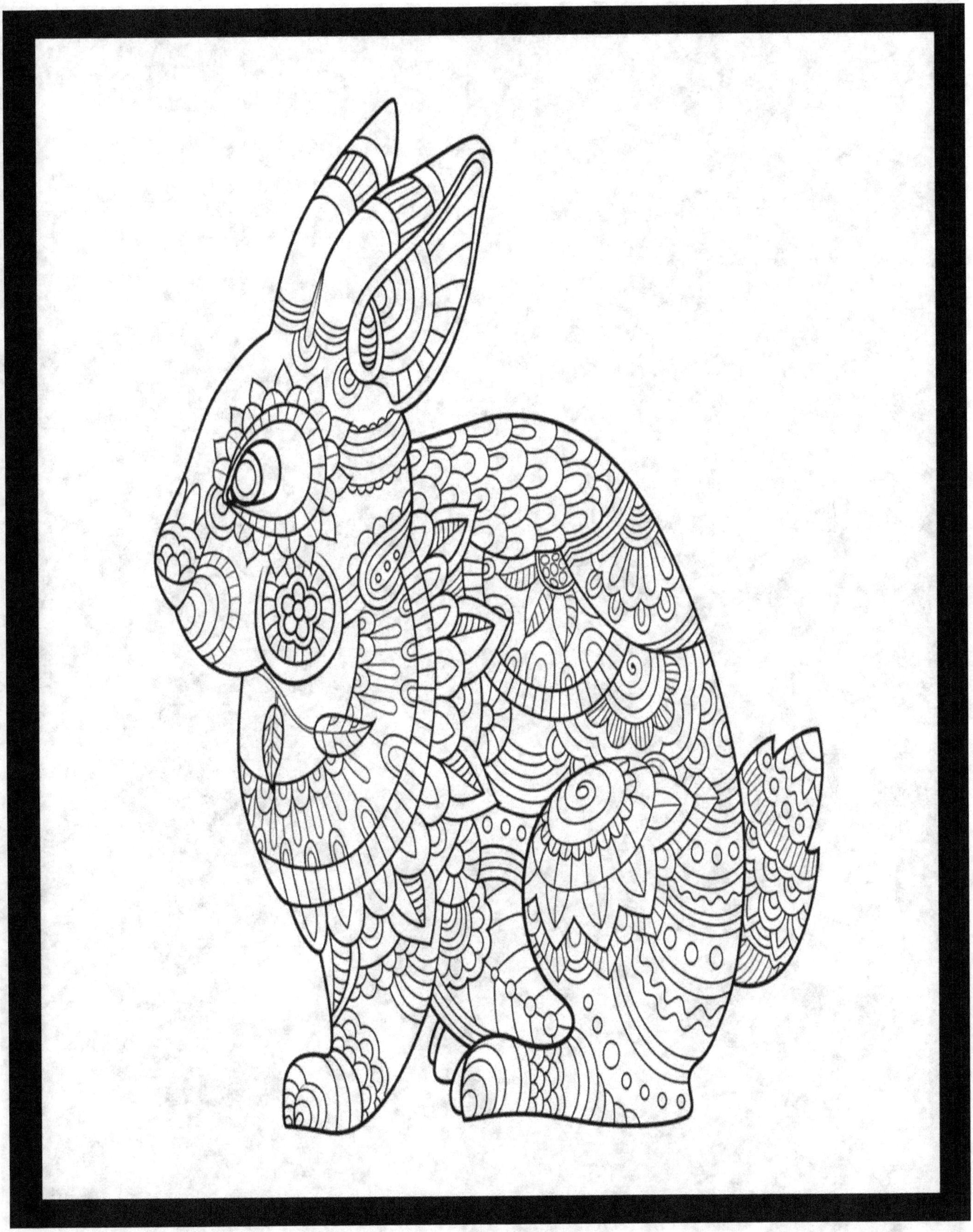

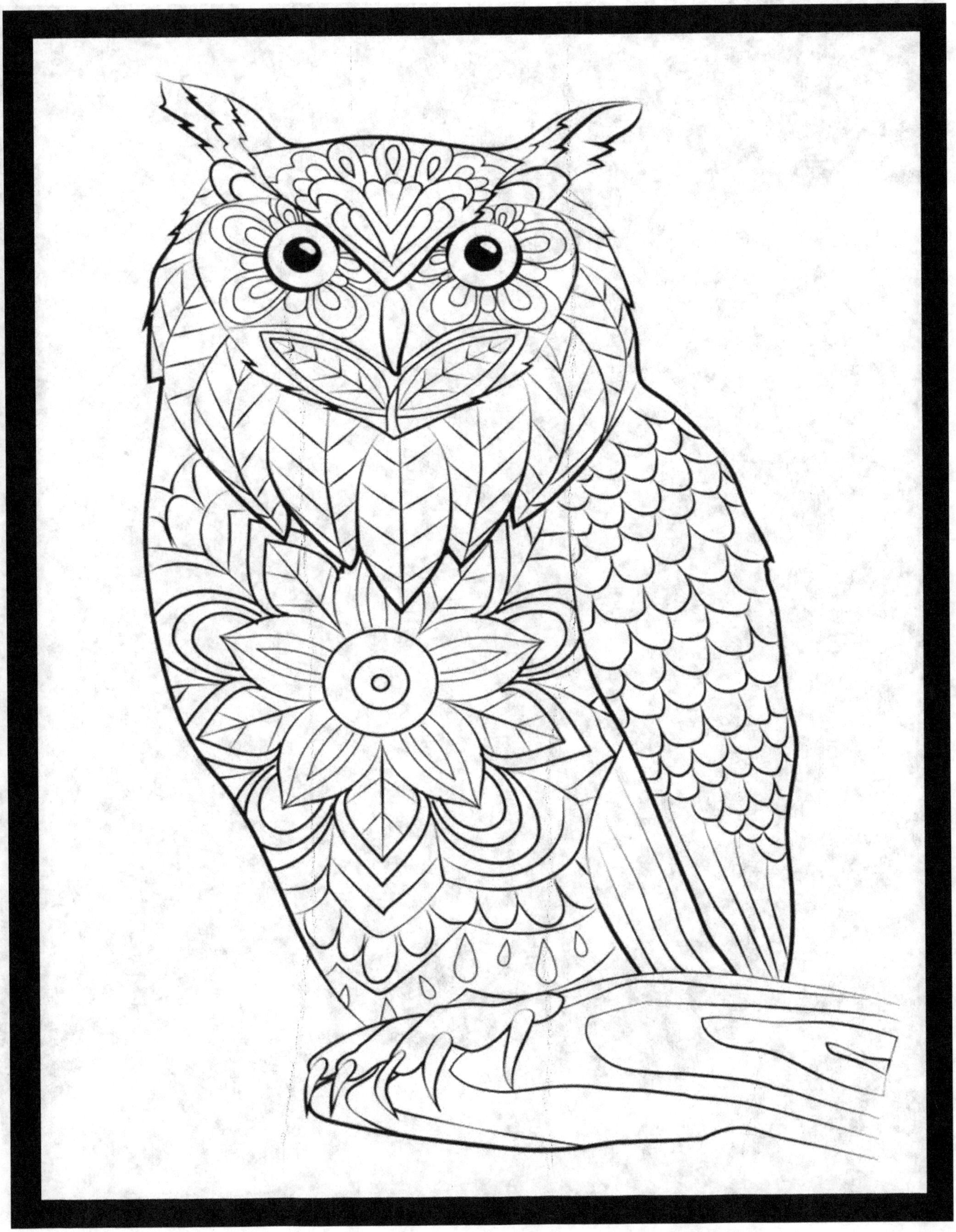

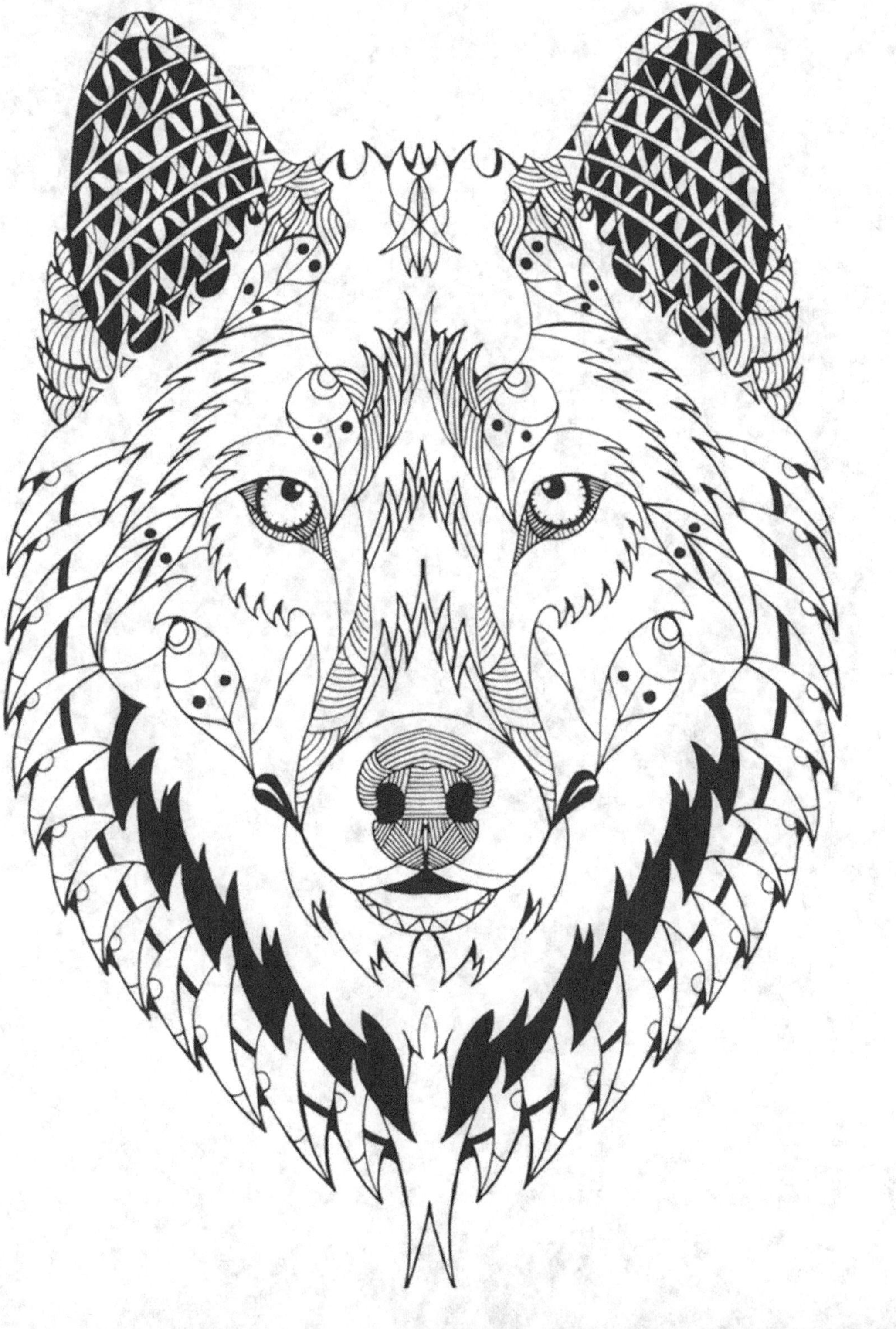

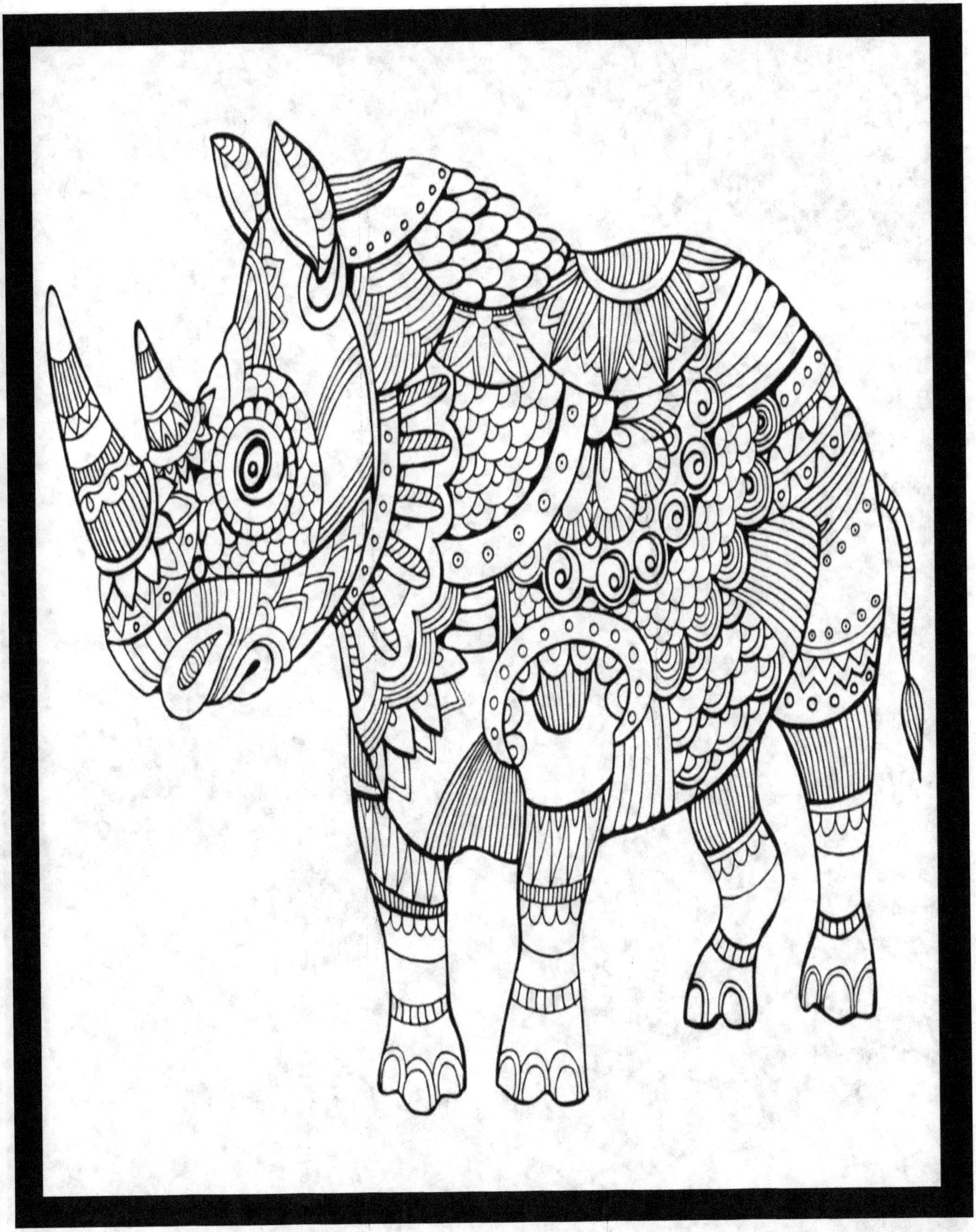

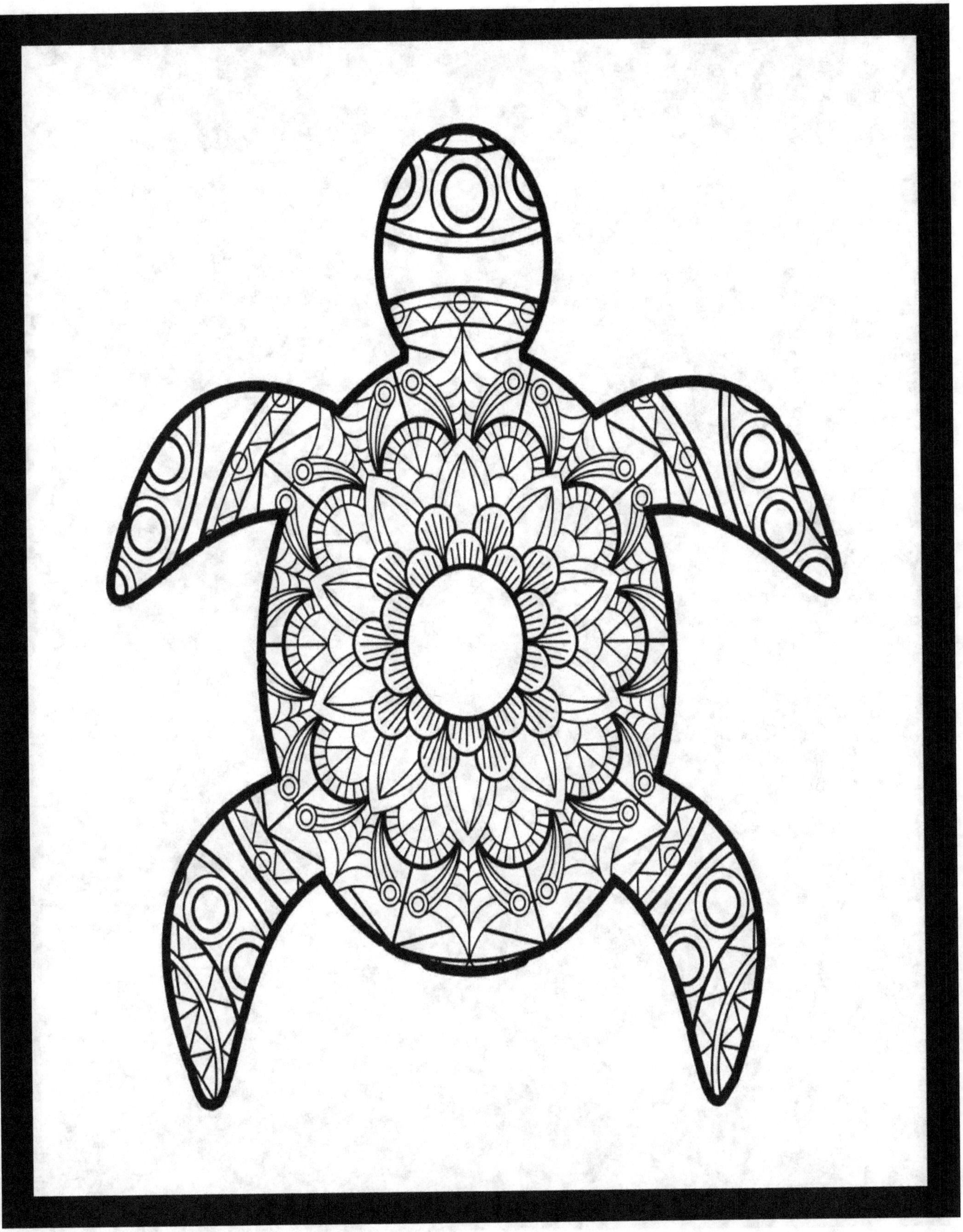

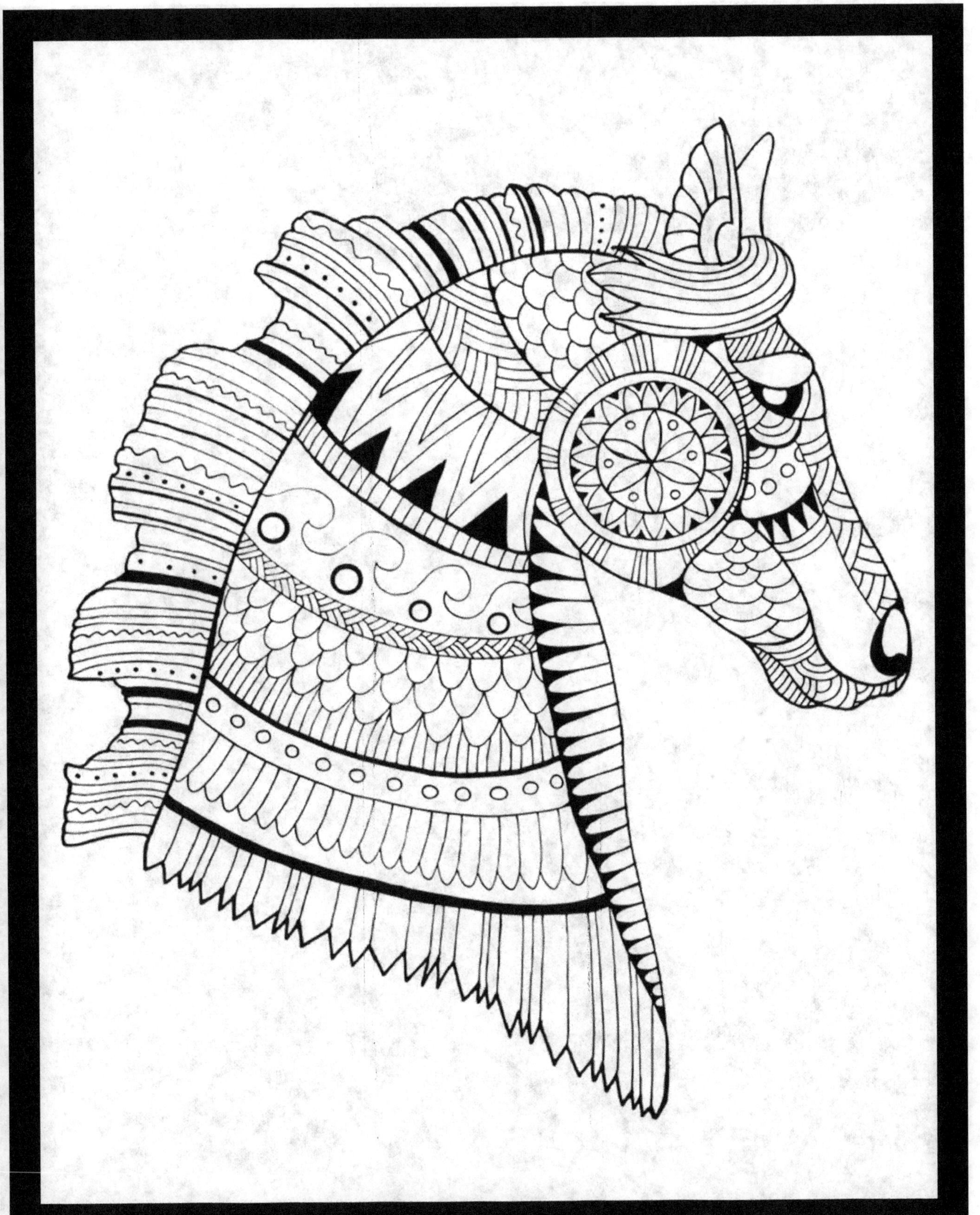

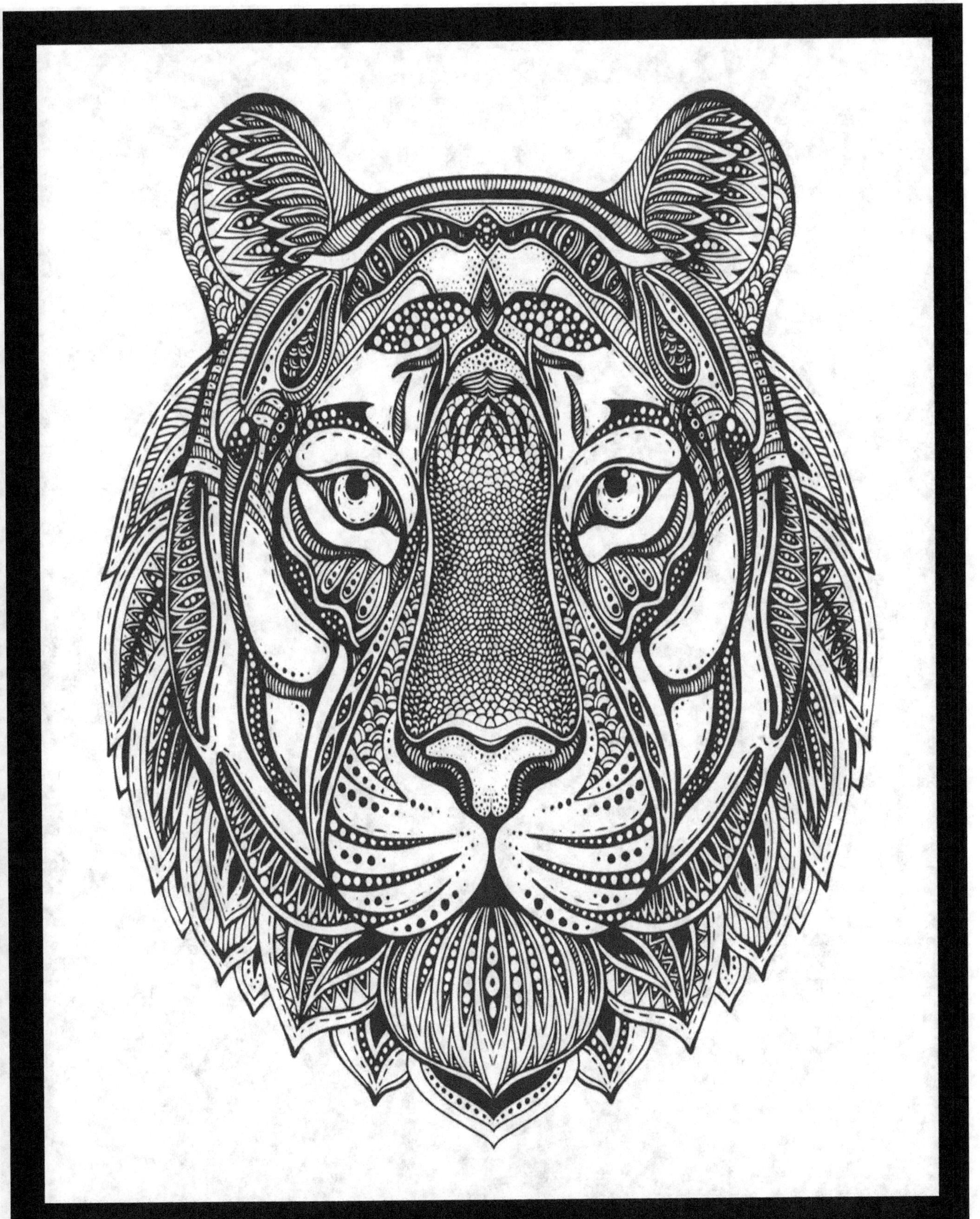

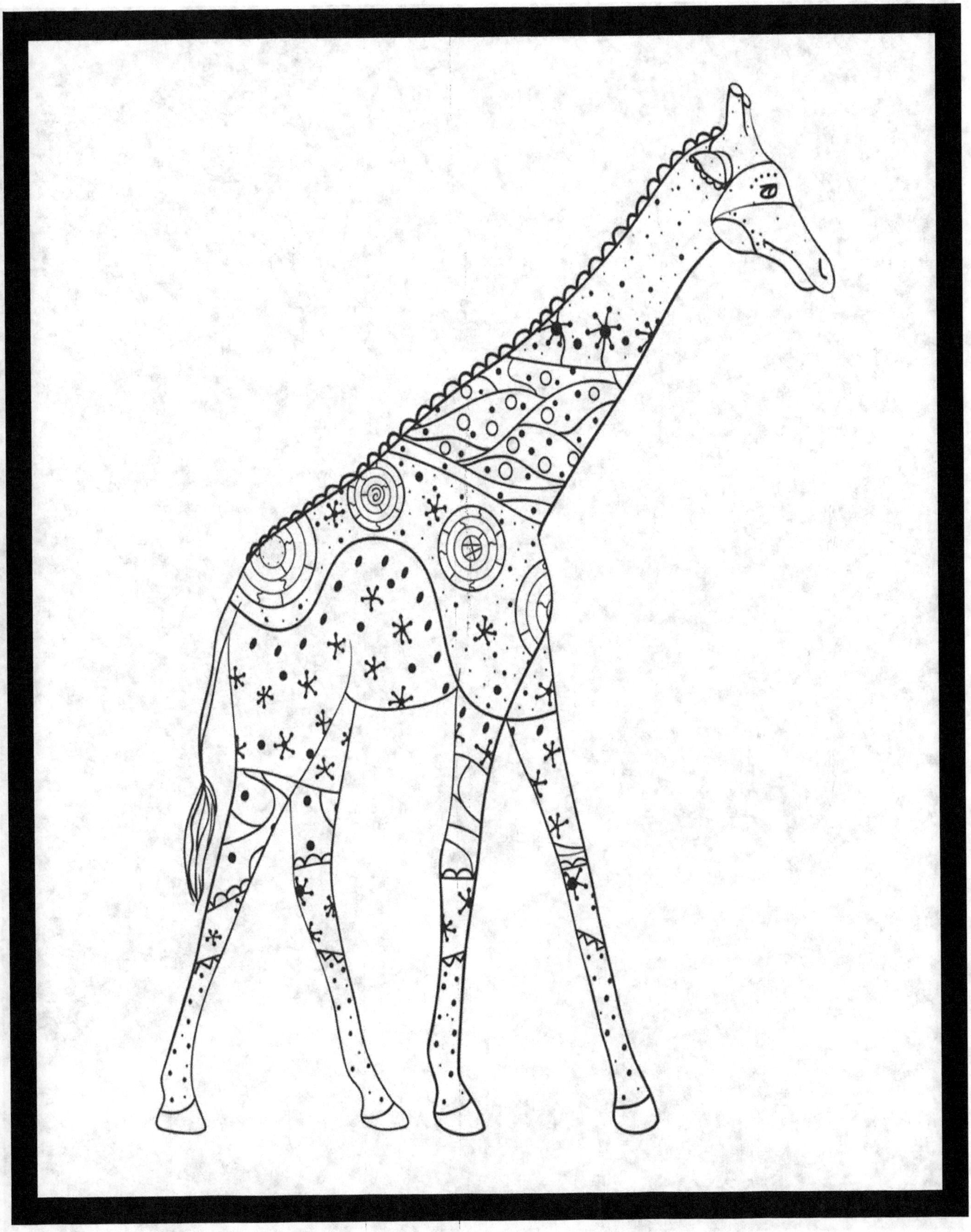

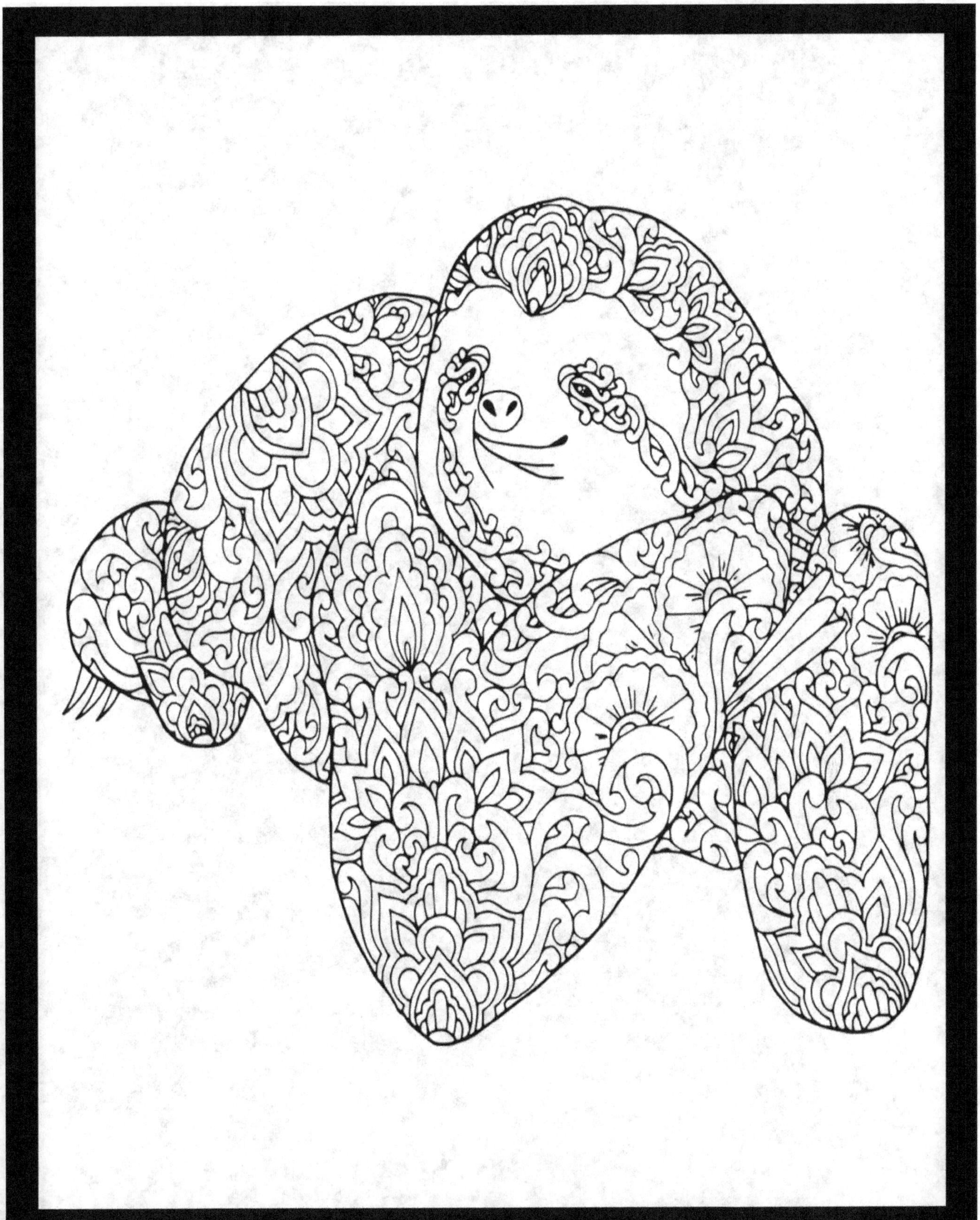

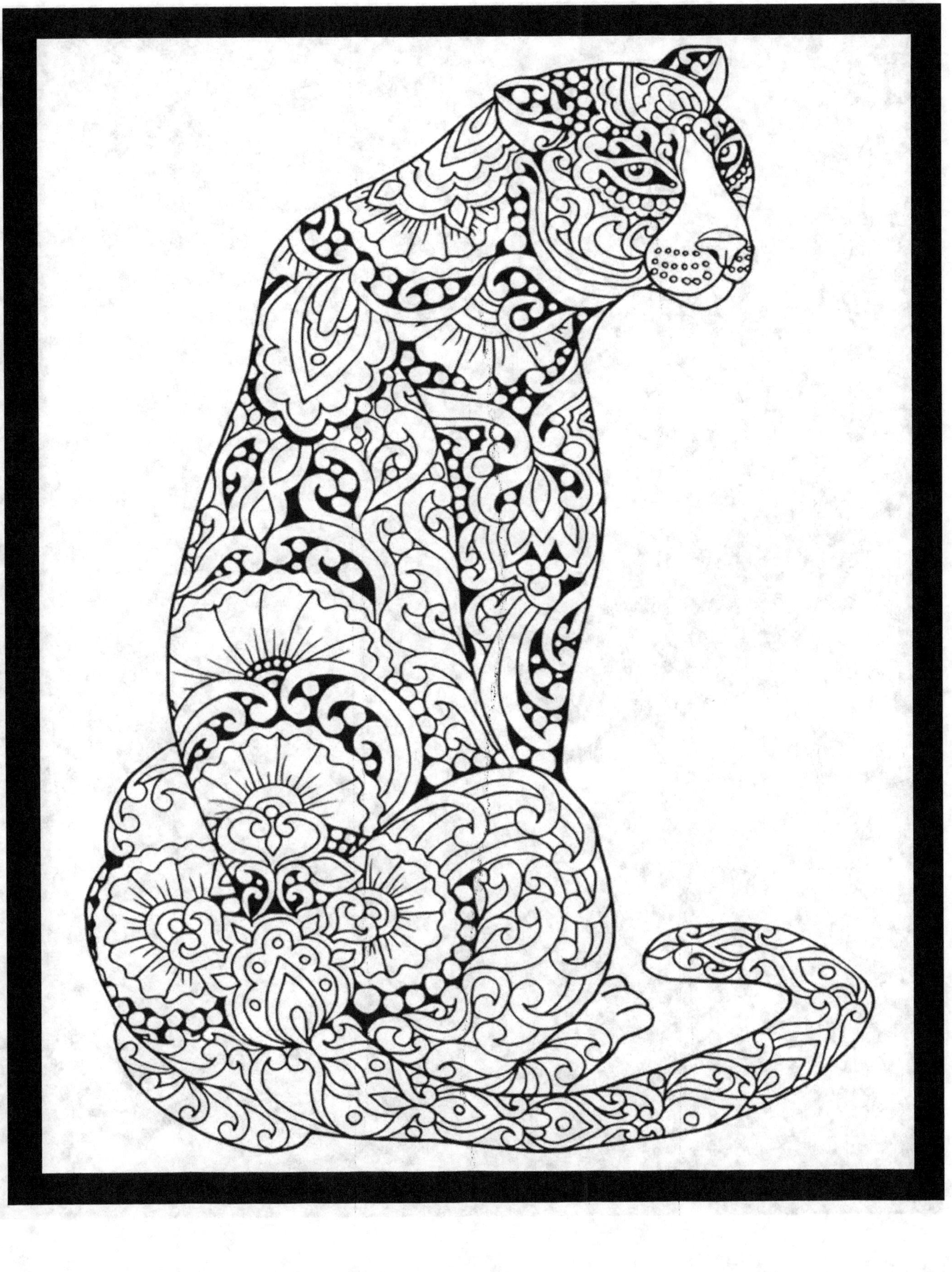

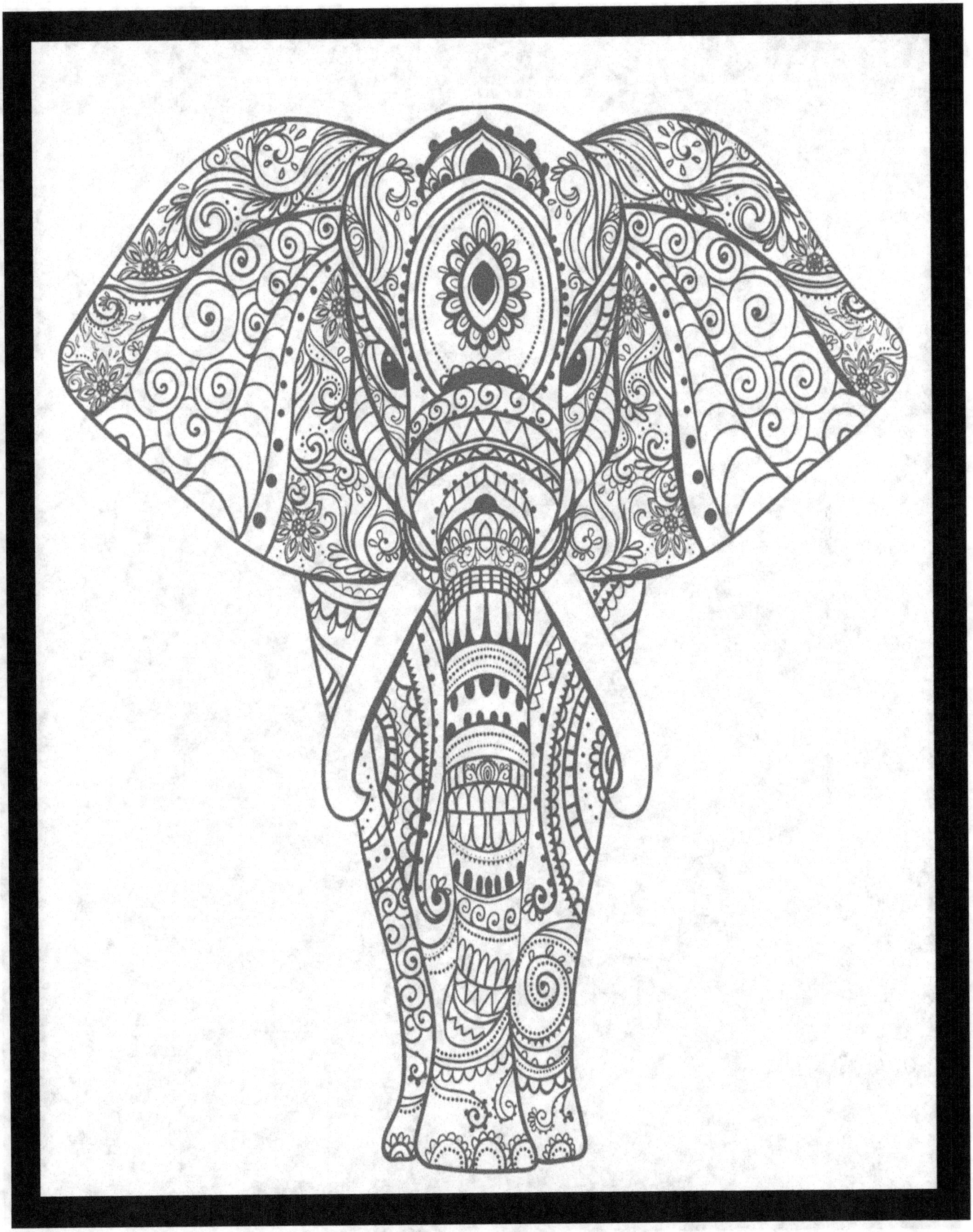

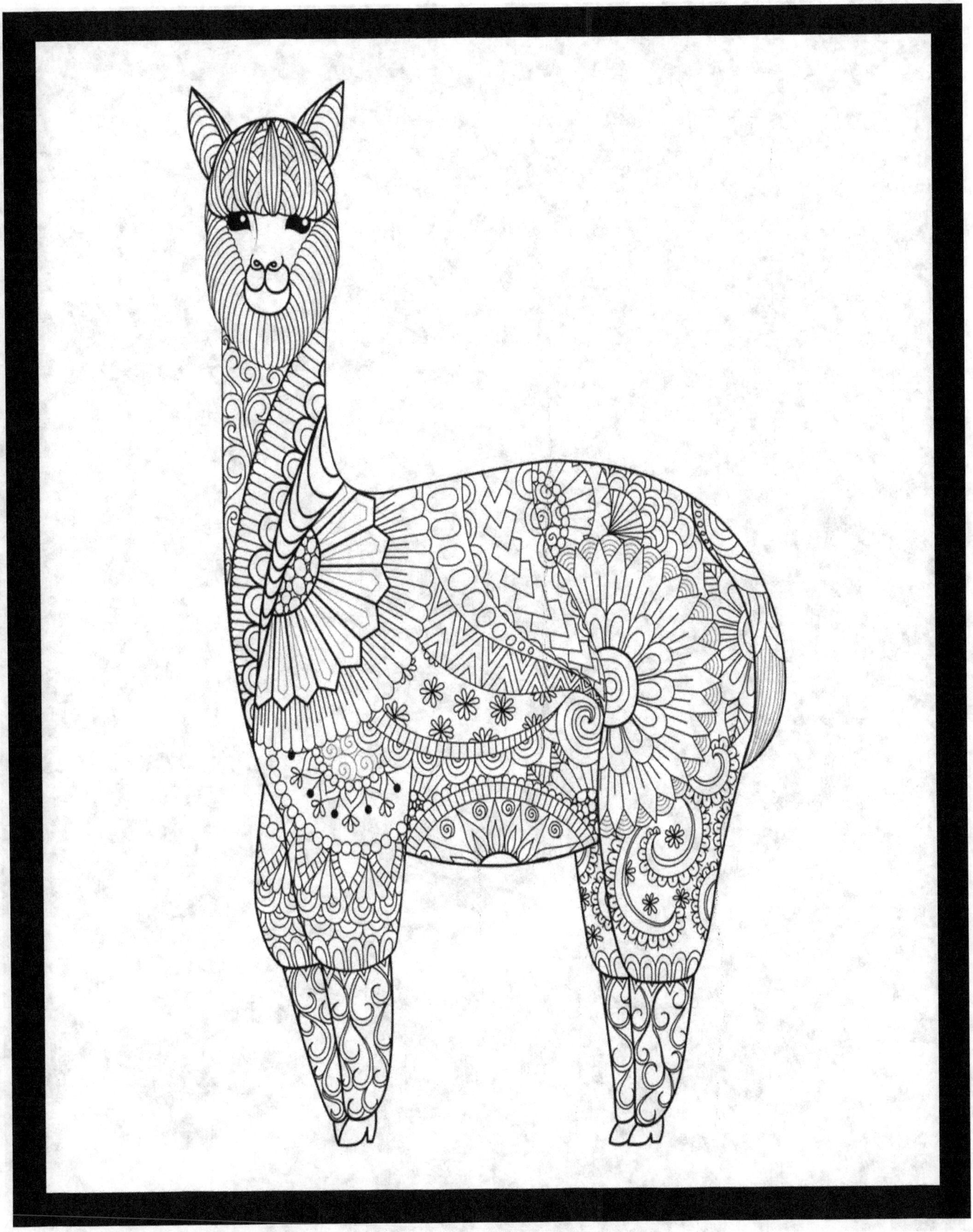

[redacted]

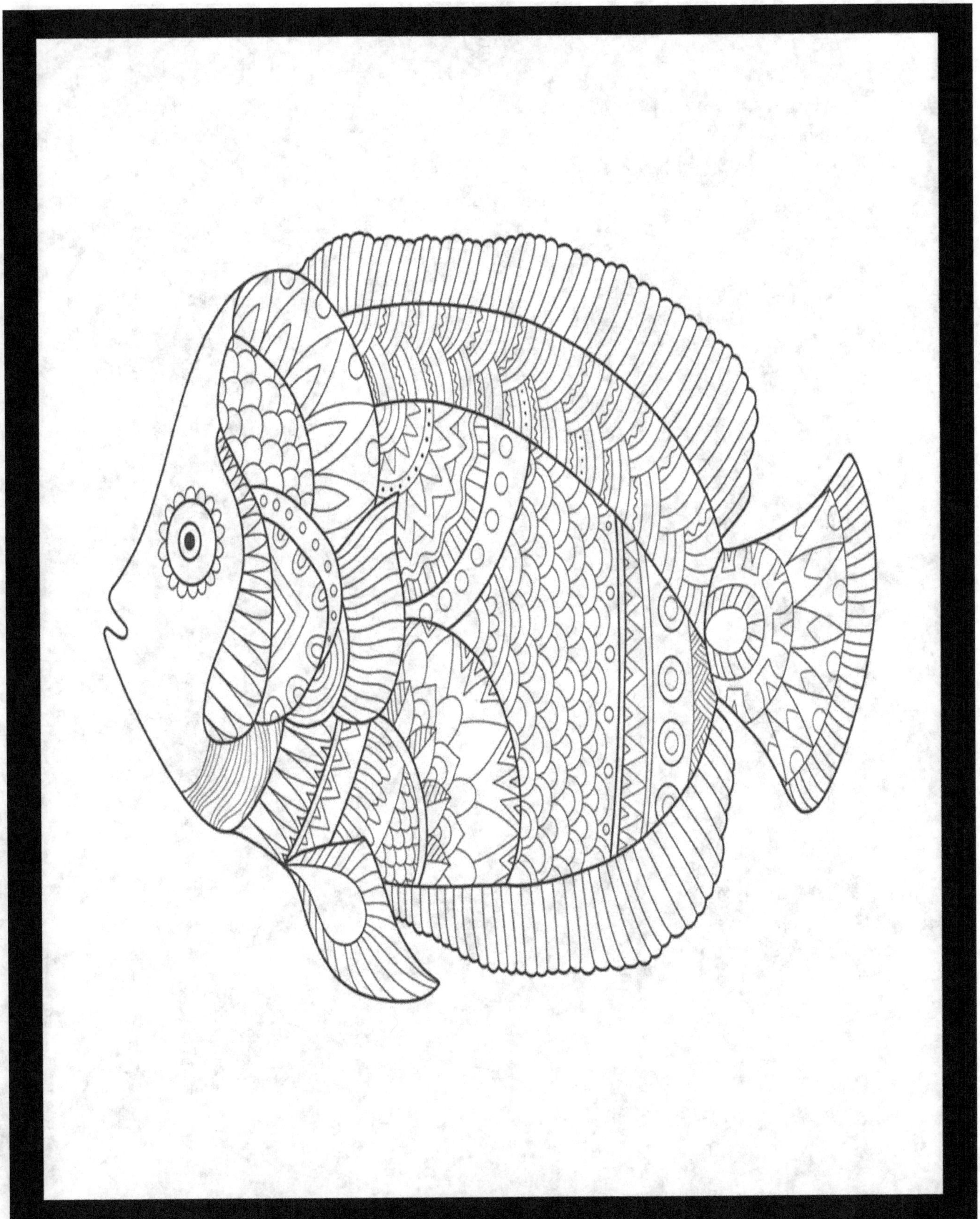

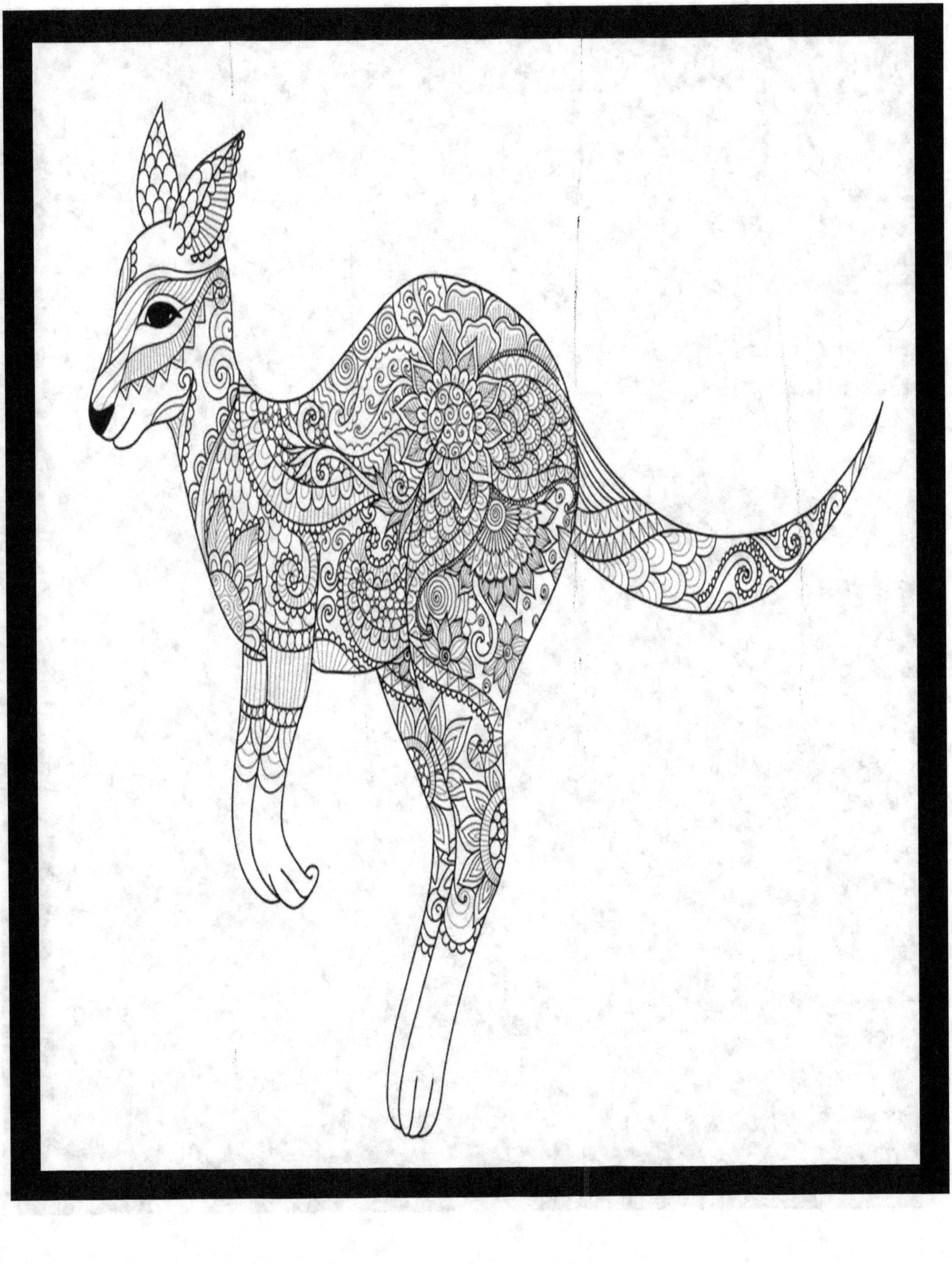

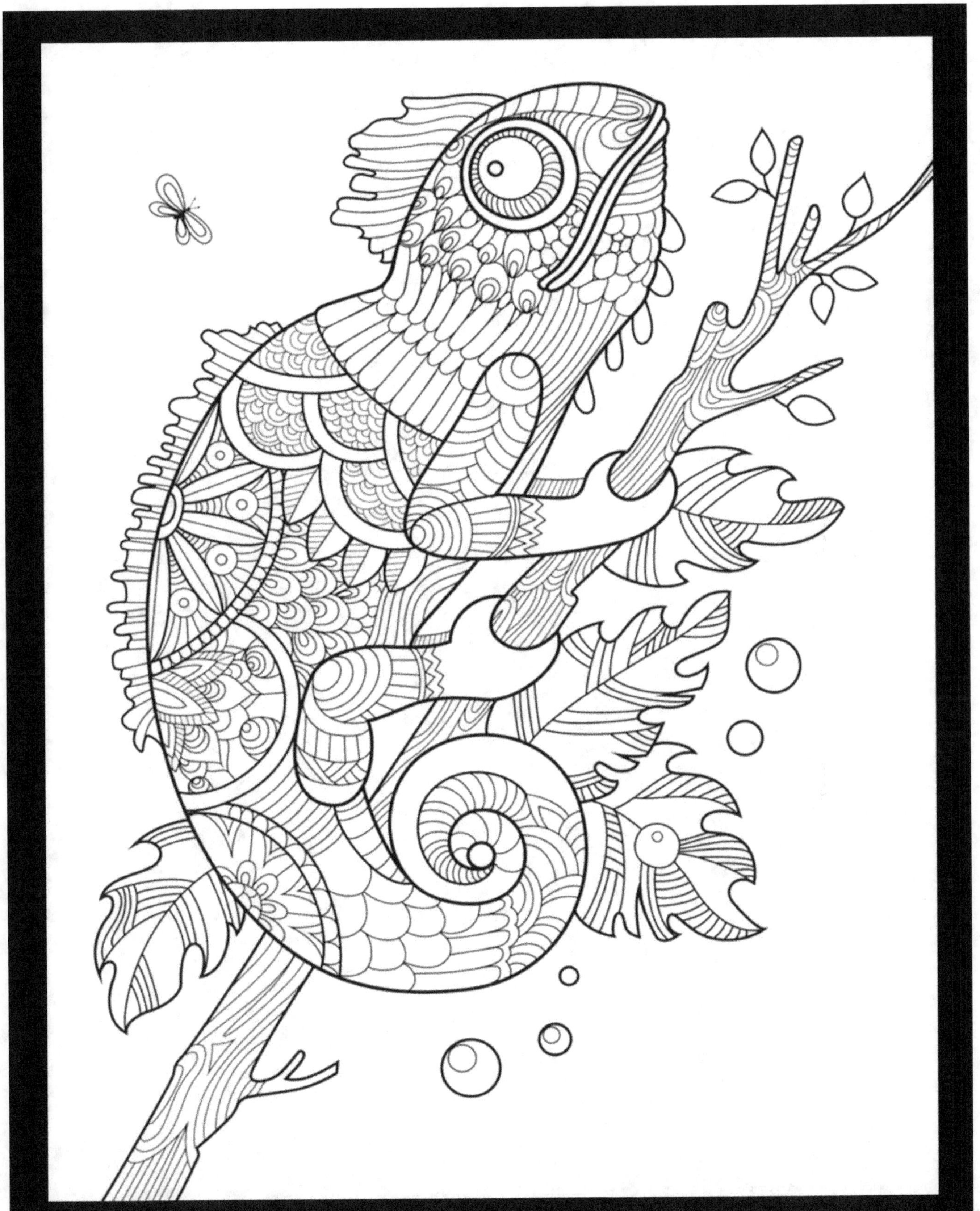

www.ingramcontent.com/pod-product-compliance
Lightning Source LLC
Chambersburg PA
CBHW080506220526
45465CB00006B/2395
* 9 7 9 8 6 5 0 3 2 0 9 0 6 *